Nicole Richter

Friaul-Julisch Venetien
mit Geschmack

S

Für meinen Sohn Mark

Nicole Richter

Friaul Julisch Venetien

mit Geschmack

Styria
VERLAG

Inhalt

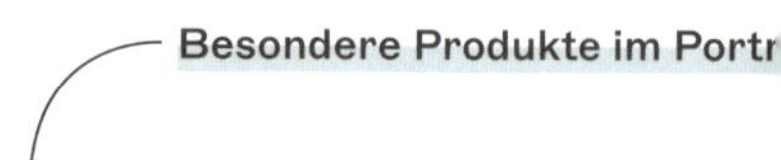

Insider-Adressen zu Osterien und Trattorien, Winzer:innen und Hofläden

Mußevolle Spaziergänge und Wanderungen

Genussgeschichten für den besonderen Geschmack

Ben arrivati!
Herzlich willkommen!

Um das zu erfüllen, was Sie von mir erwarten, heißt es, sich jedes Mal neu zu verlieben. In den Gegenstand der Reise, der Erzählung, des Niederschreibens. *

* Diese Aussage habe ich, in etwas anderer Form, einmal irgendjemanden sagen hören. Sie ist mein Leitmotiv zu diesem Buch geworden.

Il Friuli è un piccolo compendio dell'universo, alpestre piano e lagunoso in sessanta miglia da tramontana a mezzodì.

Friaul ist ein kleines Summarium des Universums:
Alpen, Ebene und Lagune auf sechzig Meilen zwischen Nord und Süd.

Ippolito Nievo (1831–1861), „Le confessioni di un italiano"
Übersetzung: Nicole Richter

Für Genussmenschen wie mich gibt es ein besonders begehrtes Ziel: Italien. Und schon gleich jenseits der österreichischen Grenze Richtung Meer liegt, wie Ippolito Nievo es so treffend beschrieben hat, ein kleines Universum: Friaul-Julisch Venetien, Italiens nordöstlichste Region – für Italiener schon der „ferne Norden", für uns nördlichere Menschen der „nahe Süden".

Was genau macht Friaul-Julisch Venetien so liebenswert? Vielleicht ist die von rund 1,2 Millionen Menschen bewohnte Region eine vollkommene Symbiose aus dem, was einerseits vertraut ist und andererseits das Mediterrane durchblitzen lässt. Vielleicht fühlen wir uns dort so wohl, weil wir ein bisschen wie daheim sind. Und trotzdem ist es – ganz anders: Der Blick schweift über Weinberge und „richtige" Berge, ruht über dem Sandstrand Grados genauso wie am weißen Kieselufer des Tagliamento, er erfreut sich an romantischen Schlössern und karstigen Landschaften.

Mit diesem neuen Guide begeben wir uns auf die Spuren des authentischen Geschmacks. Er erzählt von Produzenten, die an ihr Handwerk und ihre Produkte glauben – ich habe sie an unzähligen Orten gefunden (und es gibt noch weitere zu entdecken). Meine Genussgeschichten lassen eintauchen in die Welt von engagierten Winzerinnen, renommierten Fleischermeistern und umweltschützenden Schokoladenmachern: Sie und noch viele mehr haben sich Zeit genommen und mir mit Freude aus ihrem Leben erzählt.

Die empfohlenen Lokale repräsentieren eine Art von Gastronomie, die den Traditionen eng verbunden ist, aber den Blick stets nach vorn gerichtet hat, den bewussten und genießerischen Gast in den Mittelpunkt stellend. Ich führe in die Osteria und Trattoria, in die Frasca und Osmiza, meist bodenständig, manchmal etwas gehobener, in denen der Wert regionaler und saisonaler Zutaten (Stichwort: *kilometro zero*, „Null Kilometer") geschätzt wird. Wo man die Landschaft in einer gebratenen Salsiccia wiederfindet, sich bei einem *tajut*, dem einfachen Weißen oder Roten an der Theke, wohlfühlt. Orte, wo auch Preis und Leistung in Harmonie zueinander stehen.

In meinen Geschichten und Tipps geht es um Lebensmittel, die Körper, Geist und Seele nähren. Um traditionelle Speisen, die nie aufgehört haben, modern zu sein. Ich denke an den Boreto, das Gradeser Fischgericht, das so einzigartig nach Lagune schmeckt. Oder an den Frico, knusprig und weich zugleich, typisch für die friulanische Bergwelt. Und natürlich ist da noch der saftig-nussige Presnitz in Triest mit seinen duftenden Zutaten. Viele Geschmäcker auf kleinem Raum, viele Genüsse zwischen den Karnischen Alpen und dem Golf von Triest. Eine Mischung aus lebendigem k. u. k. Erbe, bäuerlicher Verwurzelung und maritimer Leichtigkeit. Das Universum Friaul-Julisch Venetien ist mir zur zweiten Heimat geworden, nicht zuletzt wegen der unglaublichen kulinarischen Bandbreite.

Ich glaube fest daran, dass der Friaul-Funke auch auf Sie überspringen wird – spätestens sobald Sie sich auf einen der im Buch beschriebenen Spaziergänge begeben. Oder Ihnen jemand mit Stolz die eigenhändig hergestellten Produkte zum Probieren anbietet, worauf es dann nur eine Antwort gibt: *Sì, grazie!*

In dieser abwechslungsreichen Region hat der Genuss im Leben reichlich Platz, und nun wollen wir ihn gemeinsam entdecken. Kommen Sie mit, denn: *I friulani fanno sempre festa!* – Die Friulaner wissen immer zu feiern!

Ihre

Nicole Rauer

Bevor es losgeht:
Alle im Buch vorgestellten Betriebe, Produzenten und Produzentinnen sind zu besuchen. Da es sich meist um kleine Unternehmen handelt, empfehle ich, die Öffnungszeiten vor einem Besuch zu überprüfen. Am verlässlichsten sind Google und Facebook (eigene Websites nicht immer). Wenn man, etwa rund um Feiertage, auf Nummer sicher gehen will, ist natürlich ein Anruf am besten. Um sprachliche Hürden zu minimieren, finden sich viele kulinarische Begriffe im Genussglossar.

Hier geht's zum Genuss:

Lokaltipp

Einkaufen

Onlineshop

Wein

Übernachten

Facebook

Ein Leben auf dem Gipfel

→ Der Multikulti-Hüttenwirt vom Monte Lussari

Rifugio Locanda al Convento

Monte Lussari 184
33010 Camporosso
www.rifugioalconvento.it

Info zur Anreise nach Tarvis bzw. Camporosso: Dort befindet sich die Talstation der Telecabina Lussari. Wer wandert: Am östlichen Ende des großen Parkplatzes, nahe dem Restaurant Alte Hütte, startet der Sentiero dei Pellegrini (Büßerweg, CAI 613).

Der Monte Lussari mit seinem markanten Kirchlein bietet eines der romantischsten Fotomotive Friaul-Julisch Venetiens.

1 **Knapp jenseits der Grenze, wo der berühmte „erste Kaffee" als *caffè* gleich so viel besser schmeckt, wird Multikulturalität seit jeher bewusst gelebt.** In Ämtern und Schulen, auf den Straßen und in den Häusern spricht man Deutsch, Italienisch, Slowenisch – und Friulanisch. Dort liegen die Grenzstadt Tarvis und ihr Umland, das Tarvisiano. Eine Gegend, in der urlaubende US-Bürger erstaunt bis fassungslos bemerken, dass man binnen weniger Kilometer drei Staatsgebiete betritt und vier Sprachen (und Küchen) begegnet.

So ein Ausflug auf den Monte Lussari (oder Luschariberg oder Svete Višarje) unter der Woche im Winter hat seinen besonderen Reiz, weil es ruhig ist. Wer den Impuls dazu hat, erobert ihn zu Fuß, über den Büßerweg. So wie ich. Neu ausgerüstet mit bestprofilierten Winterbergschuhen, sogenannten Krallen und, für den Fall, dass der Weg eisig ist, Hightech-Teleskopstöcken, die sich als hilfreich erweisen werden.

Der Weg an sich hat nichts wirklich Aufregendes, die äußeren Umstände bieten wenig Grund, die 1.000 Höhenmeter hinaufzuwandern: Nebel, der sich nicht lichtet, Steilheit, die das Rutschige noch unsympathischer macht ... aber der Entspannung wegen pilgert man nicht auf diesen heiligen Berg mitten in Zentraleuropa. Der Kreuzweg mit seinen Stationen erlaubt, da und dort innezuhalten, wirkt sogar motivierend, man zählt mit und überlegt: Wie viele waren es doch gleich – vierzehn? Private Wegmale mit Kunstblumen, Kerzen und verblichenen Fotos lassen aufschauen.

Alte Kirche, junge Wirte

Das kleine Dörfchen ganz oben, das nur aus ein paar Gasthäusern, Souvenirläden und der Wallfahrtskirche Maria Lussari besteht, ist irgendwie hip geworden. Ein Ort, an dem es die erste Kapelle schon 1360 gab und die letzte Kirchenrenovierung im Jahr 2000 abgeschlossen wurde.

Wahrscheinlich hat sich in den vergangenen Jahrzehnten nicht viel verändert rund um das Marienheiligtum, nur die Wirte sind jünger – oder jugendlicher – geworden. Und deren selbstverständliche Mehrsprachigkeit zeugt von einem Geist, der normal sein sollte für ein modernes Europa: offen aufeinander zugehen. Das Beschwerliche nicht als Hindernis, sondern als Teil des Wegs sehen – als Immer-wieder-Auferstehen. Solche Gedanken kommen mir, als ich es schließlich geschafft habe.

Ein Ausflug auf den Lussari kann also viele Gesichter haben: ein mühseliges, ein sportliches, ein genussvolles, ein freudvolles – ganz individuell präsentiert er sich. Was hier alle eint, die Skifahrer und Pilger, die Tourengeher und Genießer, die Wanderer und Mountainbiker, die Gastwirte auf dem Berg und die Einwohner dem Berg zu Füßen, ist das Mysterium rund um dieses schmucke Kirchlein, das zu jedem in seiner Sprache spricht. Sogar das Beichten ist in mehreren Sprachen möglich.

Die Segnungen zweier Päpste schmücken das Kircheninnere. Außerdem die Bildchen und Fürbitten zugunsten Verstorbener, Vermisster, Kranker, die freudig-stolzen oder verliebten Einträge ins Kirchengästebuch, die unzähligen hell leuchtenden Kerzen im Kirchenschiff, die „gebenedeiten" Rosenkränze, die wie die Eiszapfen am Kirchendach dicht an dicht hinter dem Altar hängen.

Hat man auf dem kleinen Plateau, das gerade einmal ein paar Hundert Quadratmeter umfasst, sein ganz persönliches Programm absolviert, vielleicht auch noch mutig auf vereistem Untergrund das Gipfelkreuz auf 1790 Meter erklommen, kann man getrost zu Handfesterem schreiten.

Endlich einkehren

Etwa im Rifugio al Convento. Oder, wie alle sagen: Beim Jure. Zu einem Teller mit dampfendem **Frico**, dem beliebten friulanischen Kartoffel-Käse-Fladen, hier etwas weicher und dicker serviert, dazu **gerührte Polenta**. Kann man (als Vorspeise) auch teilen, wie ich mit meinem Friulaner, damit der Magen noch Kapazität für weitere deftige Spezialitäten aus diesem Dreiländereck hat. So serviert die Kellnerin auf dem nächsten Teller flott Zweierlei. Extrawürste für eine *golosa* wie mich, die gerne alles hätte und sich beim Entscheiden manchmal schwertut, werden ohne Wimpernzucken berücksichtigt.

Ob gemütlich hinaufgondeln oder schnaufend hinaufwandern – der Genuss hoch oben ist immer Motivation

Auf der einen Tellerhälfte sind da also **Tagliolini mit Pilzen**, auf der anderen **Tagliatelle con capriolo**, mit Rehragout. Köstlich auch das **Orzotto** – Rollgerste, cremig wie Risotto zubereitet – mit Radicchio oder anderem Gemüse der Saison. Für alle Süßen gibt es **Apfelstrudel, Sachertorte** oder **Tiramisù**. Alles mit Belohnungsfaktor 10 – sofern man sich zuvor sportlich betätigt hat! Dazu schmeckt der Hauswein, der von Livon, aus dem Collio, das letzte Stück per Gondel anreist.

Für all seine Gäste hat Jure Preschern stets ein freundliches Wort. Seit 1995 ist er hier oben. Zunächst mit einem Freund, der ihn dazu überredete. Zwei Jahre später, im Alter von 23, übernahm er als Quereinsteiger allein das Kommando.

Internationales Publikum

Jures Freude scheint ungebrochen. Er beschreibt lebhaft die Solidarität der Luschari-Wirte untereinander, jeder hilft jedem. Hut ab! Es ist die Verbundenheit, die hier zählt, auch der Respekt vor den Gästen. Die kommen nämlich von überallher – aus Argentinien und Australien, aus Frankreich und Schweden. Und natürlich aus den drei hier aneinandergrenzenden Ländern. Multinationalität ist in dieser winzigen Welt gelebter Alltag.

In welcher Sprache wir uns unterhalten sollen? Jure zuckt mit den Schultern. Italienisch, Deutsch, Slowenisch, Englisch, Spanisch … Er lacht. Bleiben wir bei Deutsch und Italienisch, hier switcht man sowieso automatisch. Im Winter ist er vier Monate durchgehend hoch oben in seinem Rifugio. Ehefrau Francesca, die ihn im Service unterstützt, fährt jeden Abend hinunter ins Tal, schließlich sind die drei Mädchen der beiden zu versorgen.

Das Leben in einem der bedeutendsten Wallfahrtsorte der Alpen ist zweigeteilt, Winter und Sommer gestalten sich ganz unterschiedlich. Geschäftig geht es aber immer zu. „Früher einmal kamen täglich 20 Wallfahrtsbusse hierher! Vor allem aus Slowenien." Heute kommen die Menschen zum Sport. Die Kärntner und Steirer sind hauptstächlich Tourengeher. Die Italiener wollen lieber Skifahren und Spazierengehen. Und die Slowenen? Sind Skifahrer. „Das ist gut, weil alle unterschiedliche Bedürfnisse und Uhrzeiten haben. Wir sind von 7 Uhr morgens bis Mitternacht voll auf Touren!"

Auch das Personal ist bunt in seiner Herkunft. Ob italienisch, österreichisch, serbisch oder aus der Dominikanischen Republik, das spielt für Jure keine Rolle. Offiziell heißt er übrigens Giorgio – seinerzeit mussten aufgrund eines alten Mussolini-Gesetzes die Vornamen „italianisiert" werden. Seine Mutter ist Slowenin aus Ljubljana, sein Vater ein Tarviser.

Etwas Küchenpsychologie

Ein Fixstern im Rifugio al Convento ist der Koch Gianluca, der schon seit sieben oder acht Jahren hier ist. Auch die Küchenlinie ist ein Spiegelbild der Geografie: Sie ist friulanisch, italienisch und slowenisch. Jure kennt die kulinarischen Vorlieben seiner Gäste genau und weiß sie gar landestypisch zuzuordnen: Österreicher trinken Rotwein und essen Spaghetti, Italiener trinken Bier und essen Würstel und Gulasch, die Slowenen mischen ein wenig, sind aber Traditionalisten.

Und beim Wein wird die regionale Vielfalt noch einmal größer. So gibt es auch Weine aus Frankreich oder Spanien. Und: „Es kann schon vorkommen, dass bei einer ordentlichen Geburtstagsfeier ein Gaja oder Sassicaia geht. Die kosten immerhin 160 Euro." Länger als ein bis zwei Nächte empfiehlt er seinen Gästen übrigens nicht zu bleiben, zumal sie sich sonst langweilen und nicht wiederkommen würden. Am Abend sind auf dem Berg höchstens an die hundert Personen, es ist still. Viel gibt es nicht zu tun rundum: „Man ist ja schon auf dem Gipfel, da geht's nicht weiter …"

Ich muss das berauschende Panorama für heute verlassen. Zum Abschluss gibt es starken *caffè*, dazu einen kleinen Grappa als Aufmerksamkeit des Hauses – und die Telecabina kann kommen. 16 Uhr heißt: letzte Abfahrt für alle ohne Ski unter den Füßen. Also warm eingepackt und hinaus in den eisigen Wind, der alle postprandiale Müdigkeit im Nu vertreibt. Ich komme bald wieder, um zu bleiben, zumindest für eine Nacht.

DULCISSIMA MARIA
X·XI·XII·I

↑
Der Blick über die drei Länder Italien, Slowenien und Österreich. An dieser Stelle schlagen sie mit einem Herzen.

←
Die Wallfahrtskirche Maria Lussari zählt zu den bedeutendsten Pilgerorten Mitteleuropas. Auf dem kleinen Bergplateau schmiegen sich Souvenirgeschäfte und Gaststätten aneinander. Auch übernachten kann man hier oben.

1 Panificio Svetina

Gutes Brot und Gebäck, und das seit 1912, gibt es in großer Bandbreite in der Bäckerei an der Hauptstraße in Tarvis. Unzählige kleine und größere Kunstwerke für Süßschnäbel. Sizilianische Sfogliatelle und Babà, Cremeschnitten, Bignè (Brandteiggebäck), Brioche natürlich, Kuchen und Torten. Mein Tipp: Die hausgemachten Grissini, knusprig und dünn, mit Rosmarin oder Oliven.

2 Doni di Bacco

Einer der edelsten Genusstempel der Kleinstadt. Delikatessen und Weine aus ganz Italien und in umwerfender Auswahl finden sich im Geschäft fein säuberlich aneinandergereiht. Die Liebe zum Detail bringt mit sich, dass die Feinkosttheke eher wie ein Schmuckladen aussieht. Bemerkenswert: die Vielzahl an Pastasorten aus kleineren Manufakturen. Für zu Hause nur das Beste!

3 Adria Pesca

Eine appetitliche Anlaufstelle für frischen Fisch zum Mitheimnehmen ist die Pescheria an der unteren Straße von Tarvis. Schöne Auswahl von Mazzancolle, Calamari, Jakobsmuscheln, Sardinen und Sardellen, Goldbrassen, Branzino (auch aus Wildfang) usw. Was das Meer eben (noch) so hergibt.

4 Krcivoj

Wer Fleisch mit nach Hause nehmen möchte, ist bei der Macelleria Krcivoj an der richtigen Adresse. Wachteln und Kalbsrollbraten, Costate und Salsicce, Hühner und Svizzere (alias faschierte Laibchen). Außerdem gibt es hausgemachte feine Salami und zur richtigen Zeit auch Cotechino, die kräftigende Wurst zu Sauerkraut oder Brovada (saure Rüben). Die Bedienung ist freundlich, kompetent und das Preis-Leistungs-Verhältnis bestens.

5 Miramonti

Das Lokal gibt es schon „ewig“, betont die freundliche Wirtin Laura. Facebook & Co. seien nicht ausschlaggebend für ihren Erfolg. Es ist die gute alte Mundpropaganda. Und die führt uns in ein gemütliches Lokal, das mittags eine kleinere Karte mit typisch friulanischer Hausmannskost anbietet: Toc' in braide, Pasta mit Salsiccia, Gulasch etc. Alles besonders liebevoll zubereitet, angerichtet und serviert. Abends gibt es ein gehobeneres Programm mit kreativer, regionsbezogener Küche. Das Highlight nach einer Wanderung, einer Radtour – oder einfach so!

6 Hladik

Der Hladik ... ist nun die Hladik, müsste man sagen. Die wohl „friulanischste“ unter den legendären Tarviser Gaststätten hat nunmehr zwei Betreiberinnen: Katia und Maya. Die Gemütlichkeit in dem kleinen Lokal wurde beibehalten: Holzvertäfelung, Schachteln und Schränke mit Weinflaschen. Die Speisekarte ist überschaubar, die Küche fein und typisch unter Verwendung bester regionaler Zutaten. Ein schöner Ort, um einen Shoppingtrip noch zu toppen.

Frische Fische und Meeresfrüchte in Tarvis.

Degustare!

1 **Panificio Carla Svetina**
Via Roma 50
33018 Tarvisio

2 **Doni di Bacco**
Via Roma 44
33018 Tarvisio

3 **Adria Pesca**
Via Vittorio Veneto 98
33018 Tarvisio

4 **Macelleria Krcivoj**
Via IV Novembre 5
33018 Tarvisio

5 **Bar Trattoria Miramonti**
Via Dante Alighieri 73
33018 Tarvisio

6 **Osteria Cucina Hladik**
Via Romana 33
33018 Tarvisio

Frico ist gleich Friaul

→ Das Leibgericht einer ganzen Region

Antica Osteria Stella D'Oro

Via Tolmezzo 6
33020 Villa di Verzegnis
www.osteria-stella-doro.
business.site

Bar Trattoria da Quinto

Via Julia Augusta 49
33010 Magnano in Riviera
www.unpostoatavola.it

Osteria Turlonia

Corso Italia 5
33080 Fiume Veneto

Die kulinarische Visitenkarte auf einem Teller: schlicht, aber oho. Den perfekten Frico herzustellen, ist eine Kunst.

Die Gleichung lautet: Der Frico ist ein einfaches Gericht. Und gleichzeitig: Der Frico ist kein einfaches Gericht. So simpel die Zutaten, so kunstvoll die richtige Zubereitung. Wer sich als Nicht-Friulaner je daran versucht hat, weiß, wovon ich spreche. Er wird matschig oder ist noch roh, zerfließt … Ergebnis: Nicht zufriedenstellend. Wie also ist der Idealzustand des beliebtesten regionalen Gerichts? Und wie erreicht man ihn?

Den **Frico morbido**, also den weichen, den wir normalerweise meinen, wollen wir außen hell gebräunt und knusprig. Innen soll er eben weich sein, cremig, es sollen noch Stücke von Käse und Kartoffeln sichtbar sein, nicht zu fett das Ganze. Er soll auch noch schmecken, wenn er schon etwas ausgekühlt auf dem Teller liegt. Und so kostet man sich am besten kreuz und quer durch das Land, um ihn zu finden: den perfekten Frico. Ich habe mich jedenfalls redlich bemüht. Und ungezählte köstliche Versionen davon verspeist. Drei davon stelle ich in dieser Geschichte exemplarisch vor.

In der Küchengeschichte zum ersten Mal erwähnt wurde der Frico im 15. Jahrhundert – im Kochbuch des Leibkochs eines Patriarchen von Aquileia. Auch wenn der Frico traditionell aus der bergigen Gegend in Carnia stammt und ein Holzfälleressen war, gibt es heute kaum eine Gaststätte in der Region, die ohne ihn auskommt. Ich habe den Eindruck, dass gar die besten Köche darum buhlen, wer den schmackhaftesten Frico zubereitet.

Er besteht in erster Linie aus Kartoffeln und Käse. Den Zutaten, die einst in der Speisekammer jedes Hauses zu finden waren. Genau genommen waren es *strissulis*, Käseabschnitte, die anfallen, wenn die Käsemasse in die Form gestrichen wird. Sie gaben dem Gericht den urtypischen kräftigen Geschmack. Heute werden meist verschiedene hochwertige Käse verwendet, würzige gereifte und milde jüngere, je nach Rezept des Hauses. Auch das Verhältnis zwischen Kartoffeln und Käse schwankt.

An dieser Stelle noch ein zweckdienlicher Hinweis: Der Frico „geht" in jeder Lebenslage und Speisenfolge. Er gibt sich bei Geburtstagspartys und Dorffesten die Ehre, wird bei Fingerfoodevents und in der Frasca, der Buschenschank, verzehrt. Er kann einmal als „Gruß aus der Küche", als *stuzzichino*, daherkommen. Und genauso gut als warme Vorspeise (*antipasto caldo*) oder als Hauptgang (*secondo*).

Erster Stopp: Carnia– Villa di Verzegnis

Nähern wir uns von Norden kommend dem Frico, legen wir einen kleinen Schwenk ein: Bei Carnia, schon im Canal del Ferro oder Eisental gelegen (das Kanaltal endet ja bei Pontebba), verlassen wir die Autobahn und begeben uns Richtung Tolmezzo, am Fuße der Bergwelt der Karnischen Alpen.

Apropos: Tolmezzo ist so etwas wie der Nabel der friulanischen Küche. Denn Gianni Cosetti (1939–2001), legendärer und unvergessener Küchenchef, hat es vermocht, sie italienweit, aber auch international bekannt zu machen: Sein Restaurant Roma in Tolmezzo erhielt 1991 den ersten Michelin-Stern der Region. Leider gibt es das Lokal nicht mehr.

Zehn Autominuten von Tolmezzo entfernt befindet sich etwas erhöht das Dörfchen Villa di Verzegnis. Und dort die Antica Osteria Stella D'Oro, eine der namhaftesten Osterien Friaul-Julisch Venetiens. Wieder einmal bewahrheitet sich meine Theorie, dass es in diesem gelobten Land an den unscheinbarsten Orten die funkelndsten Juwele gibt. Man muss nur Vertrauen in die Wegbeschreibung haben. Villa beherbergt außerdem ein paar schmucke Häuser, die schöne Taufkirche Pieve di San Martino – und einen „Art Park“ im Freien.

Der Idealzustand des Kartoffel-Käse-Fladens hat wohl so viele Definitionen, wie es Köche und Esser in Friaul-Julisch Venetien gibt

Das historische Gebäude, in dem die Osteria sich befindet, war schon früh Gaststätte, musste aber im Zweiten Weltkrieg als Sitz eines Kosakengenerals dienen. Glücklicherweise erhielt es wieder seinen originären Zweck – und uns stimmen heute die kulinarischen Freuden sowieso total friedlich. Herzerwärmend schon bei Betreten der Osteria ist der Anblick des knisternden Fogolârs aus dem 18. Jahrhundert. Doch auf der offenen Feuerstelle – ein holzverzehrendes Schmuckstück, wie Restaurantbetreiberin Sara sagt – wird nicht mehr gekocht. Nur in der Küche, aber wie!

Dem Land verpflichtet, aber auch dem Tick mehr: **Cjarsóns** mit süßem Kohlrabi und Räucherricotta, **Toc' in braide** mit Zwiebelcreme und reifem Käse, **Blecs** (grob geschnittene Nudeln) mit Wildragout und, natürlich: **Frico**. Hier ist er dickbauchig, weich und cremig, das Kartoffel-Käse-Verhältnis ziemlich ausgeglichen, und er enthält etwas süß geschmorte Zwiebel. Ach ja, und Latteria-Käse in vier verschiedenen Reifegraden. Dazu wird grobe karnische Polenta gereicht. Fertig ist eines der vermutlich traditionellsten Gerichte dieser Erde. Als weitere Secondi gibt es etwa **Tagliata vom Rind** mit Milchwirsing und Bratkartoffeln oder gekochte **Räucherrippe**.

Angelockt werden übrigens auch Fans des italienischen TV-Formats „4 Ristoranti“ mit dem Spitzenkoch und Fernsehstar Alessandro Borghese. Sara und ihr Team haben nämlich vor wenigen Jahren die Carnia-Runde gewonnen!

Zweiter Stopp: Gemona–Magnano

Weiter in Richtung Süden, wo bei Gemona die Berge aufmachen und das Land weiter wird, nähern wir uns einem wahren Frico-Hotspot. Keine Sorge: Man hat sich nicht verfahren. Wie gehabt, ein unscheinbares Seitensträßchen in einem unscheinbaren Örtchen namens Magnano in Riviera. Wenigstens das Markenzeichen der Trattoria da Quinto, der Frico, prangt gleich auf der Hausfassade. Doch muss man hier im Plural von *frichi* sprechen, denn es gibt sage und schreibe zwölf Arten davon. Regionale Zutaten wie Löwenzahn, Holunderblüten, Speck und Äpfel oder Radicchio kommen in die legendäre Frico-Masse von Mama Maria. Sie bereitet den Frico so zu, wie ihn schon ihre Mutter zubereitete. Seit 1930 gibt es das Haus als einfache Gastwirtschaft. Ab den 1960er-Jahren war die erste kulinarische Errungenschaft der **Frico croccante**, also die knusprige Variante. In der Pfanne ausgelassene Käsestücke, die man den Männern beim Kartenspielen kredenzte. Eher aus der Not geboren – Käsereste gab es schließlich immer. Und gastfreundlich war man in Friaul-Julisch Venetien auch schon immer. Niemand wurde nur bei einem Glas Hauswein, dem *tajut*, sitzen gelassen.

Heute kommt der verwendete Käse aus der Nähe, zum Beispiel aus Gemona. Gottlob gibt es sie noch, die kleinen Käsereien. Denn, so erklärt mir Marias Bruder Giacomino, es ist wichtig, hochwertigen Käse zu verwenden, aus bester silofreier Milch hergestellt, damit der Frico wirklich gut wird.

Bei Quinto gibt es außerdem zahlreiche andere Gerichte aus der friulanischen Küche auf der Speisekarte – und Themen-Wochenenden. Eine Kostprobe? Frosch, Ripperln, Calamari oder Burger. Juniorchef David ist ein fröhlicher, kreativer Tausendsassa, betont aber: „Wir wollen die Tradition weiter beleben!"

Dritter Stopp: Fiume Veneto

Ein ehrenwerter Frico-Botschafter am südwestlichen Ende der friulanischen Welt ist Federico Mariutti von der Osteria Turlonia in Fiume Veneto (siehe auch Tipp auf Seite 175). Der Top-Koch dreht das häufig übliche Kartoffel-Käse-Verhältnis um, sein Frico besteht zu 70 Prozent aus Käse, und zwar aus Montasio verschiedener Reifegrade.

Sein Geheimrezept steht nun hier: Für eine Portion circa 80 Gramm geschälte Kartoffeln würfeln und ohne Salz kochen. Etwas gehackte Zwiebel karamellisieren, damit das Wasser entweicht und die Süße zurückbleibt, leicht salzen. Die Käse (insgesamt circa 200 Gramm) grob reiben. Eine beschichtete Pfanne mit 20 Zentimeter Durchmesser sehr hoch erhitzen. Nun die Kartoffeln, einen Esslöffel der vorbereiteten Zwiebeln, etwas gehackte Pancetta und den Käse hinzugeben, leicht andrücken. Sobald sich eine Kruste bildet, den Fladen wenden und auf der zweiten Seite fertig braten.

Bei Federico entsteht der Frico, natürlich mit professionellem Mise en place, in exakt 2 Minuten und 20 Sekunden. Seine Vision: Das Fett des Käses darf sich nicht ausbraten, sondern soll im Gericht verbleiben. Daher verwendet er auch kein zusätzliches Fett. Und: Die Kartoffelstückchen bleiben spürbar.

Sollte es übrigens zu Hause nicht so gelingen wie gewünscht, wird man sich von ihm die Frage gefallen lassen müssen: „Und, hast du auch Liebe dazugegeben?!"

1 Osteria di Ramandolo

Wir schlängeln uns verzückt durch die sattgrüne Landschaft der Colli Orientali. Dann schrauben wir uns Kurve um Kurve nach oben, um nach wenigen Minuten Fahrzeit, geflasht von dem prachtvollen Panorama, Platz zu nehmen. In der gemütlichen Gaststube oder, noch romantischer, im Gastgarten unter den mächtigen Kastanienbäumen. Das allein würde fürs Glück schon reichen.

Aber bei einem Besuch in einer der spannendsten Osterien hierzulande sollten wir schon Appetit mitbringen. Ilenia Vidonis Deutsch ist hervorragend, ihre Weinfachkenntnisse ebenso. Die Spielarten des Ramandolo, gekeltert aus der Verduzzo-Traube, sind ihr Steckenpferd. Ehemann Pietro Greco lässt in der Küche raffinierte Kreationen entstehen. Beste regionale Zutaten sind die Grundlage für die „zweigeteilte“ Küchenlinie – es gibt Fleisch, aber auch Fisch. Es locken hausgemachte Pasta, Hirsch, Kaninchen, Perlhuhn neben Branzino und Seppie ... und zum Schluss hervorragende Dolci. Zum Weiterträumen: Ein Glas süßer Ramandolo, vermählt mit hausgemachten Biscottini – danach ein Mini-Spaziergang zum danebenliegenden Hochzeitskirchlein, bei gutem Wetter mit Blick bis zum Meer.

Der Ramandolo ist das Liebkind der gleichnamigen Osteria. Verlockend auch die exzellente friulanische Küche.

2 Enoteca alla Vite

Gibt es tatsächlich noch einen Geheimtipp unmittelbar an der Strada Regionale SR 356? Ja, seit Jahrzehnten – im Dörfchen Nimis, in einem unscheinbaren weißen Haus. Wer die bestens bestückte Vinothek einmal betreten hat, wird bei jeder Durchreise nach ihr Ausschau halten. Sandra hat Hunderte Etiketten, darunter auch Weine ihres Bruders Maurizio Zaccomer parat. Und aus dem Spumante-Kühler auf der Theke lachen mich die sprudelnden Gaumenfreuden an. Ich lache zurück – mit einem Glas Ribolla Gialla Spumantizzata in der Hand!

Verstecktes Weinparadies an der Hauptstraße: Enoteca alla Vite.

Idyllisch: Kirche San Giovanni Battista di Ramandolo.

Degustare!

1 **Osteria di Ramandolo**
Via Ramandolo 22
33045 Nimis
www.osteriadiramandolo.it

2 **Enoteca alla Vite**
Via Manzoni 17
33045 Nimis

Speciale

Bier
Eine neue Welt

Moderne Mikrobrauereien bekommen auch im Weinland Friaul-Julisch Venetien immer mehr Bedeutung.

3 **Auf unserer kulinarischen Reise begegnen uns immer häufiger exklusiv designte Flaschen, schlank oder gerundet, niedlich oder stattlich, die in Lokalen stolz präsentiert werden: Die modernen Craftbeers beschreiten gekonnt den Laufsteg der Eitelkeiten.**

In Italien war Bier bis Mitte des 19. Jahrhunderts nur einigen wenigen „Kennern“ vorbehalten. Ein Land, dessen Getränketradition fast nur Wein umfasste, assoziierte Bier mit nördlicheren Ländern und importierte es vor allem aus Österreich.

Doch die Einflüsse aus dem Norden animierten einige, es selbst mit dem Bier zu versuchen, und so gab es Ende des 19. Jahrhunderts schon fünf Brauereien in Friaul-Julisch Venetien. Zu den bekanntesten zählten die Fabbrica di Birra e Ghiaccio, 1859 in Udine von Luigi Moretti gegründet. Wer des Italienischen mächtig ist, kann aus dem Namen herauslesen, dass Bierbrauereien traditionell häufig auch mit Eis handelten, da sie es für ihre Bierproduktion benötigten. In Vor-Kühlschrank-Zeiten war „Gefrorenes“ natürlich eine Besonderheit. Birra Moretti als Marke gibt es zwar nach wie vor, allerdings gehört diese längst zu Heineken und wird an mehreren Standorten in Italien produziert.

Als weitere historische Biermarke Friauls gilt Dormisch. Die Brauerei wurde vom österreichischstämmigen Francesco Dormisch in Resiutta, in der Nähe von Carnia, gegründet, später nach Udine verlegt und 1953 von der römischen Peroni übernommen. 1989 wurde die Produktion allerdings eingestellt. 2017 gab es noch einmal einen Relaunch, bevor die Marke 2021 endgültig zu Grabe getragen wurde. Und so bleibt von Dormisch im Zentrum von Udine nur noch eine Industrieruine.

Ab 1865 gab es in Triest das Dreher-Bier, benannt nach dem Schwechater Brauindustriellen Anton Dreher. Auch diese Marke landete 1964 unter dem Dach von Heineken, die Produktionsstätte wurde geschlossen.

Bis Mitte der 1990er-Jahre war dann im Land des Tocai – oder Friulano (siehe Seite 122), wie man’s nimmt – keine nennenswerte Bierkultur mehr zu verzeichnen. Doch die Dinge haben sich radikal geändert, und so sprießen da und dort Mikrobrauereien und Brewpubs munter wie die Schwammerln aus dem Boden. Hatte den Bierfreunden zunächst die flächendeckende Geschmacksnivellierung durch ein paar große Bierriesen Sorge bereitet, gibt es dazu keinen Grund mehr. Mittlerweile hat das sogenannte Craftbeer – handwerklich in Klein- und Kleinstbrauereien möglichst naturbelassen hergestelltes Bier – längst Einzug in Vinotheken und Restaurants gehalten. Wie beim Wein gibt es dazu Verkostungsevents, Masterclasses für Bierliebhaber, universitäre Ausbildungen zum Biersommelier und eine Vielzahl an TV- und Radiosendungen.

Die Szene ist jung und dynamisch, die hier genannten Biere stellen nur eine kleine Auswahl dar. Es gibt laufend spannende Neuerscheinungen, um die es diese Liste zu ergänzen gilt – durch Ihre persönlichen Entdeckungen! Es lohnt sich, einfach danach zu fragen, sollten die bunten Designkunstwerke nicht ohnehin gleich ins Auge stechen.

Artigianale!

Zago Birrificio

Schon seit 1978 liegen Mario Chiaradia und seiner Frau Rita Zago die „Live Beers" am Herzen. Handwerklich hergestellt und mit natürlicher zweiter Gärung in der Flasche (ähnlich den Spumanti, siehe Seite 148) – damit waren sie die Ersten dieser Art in Italien. Nunmehr ist Sohn Enrico an Bord und Zago deckt die gesamte Produktionskette ab: Sogar Gerste und Hopfen stammen aus eigenem Anbau. Das Sortiment umfasst ein Dutzend obergärige Biersorten mit einem maximalen Alkoholgehalt von 8 Vol.-%.

Zago Birrificio Soc. Agricola
Via Malignani 9/11
33083 Chions
www.zagobirrificio.it

Il Mastro Birraio

Seit 1994 wird in der Mikrobrauerei in San Giovanni al Natisone Craftbeer hergestellt. Vor Ort im Lokal können Sie alle Biere auch offen verkosten, nebst Holzofenpizza und anderen bodenständigen Speisen. Zudem wird „Consulting" in Sachen Bier angeboten.

Il Mastro Birraio
Via Nazionale 97
33048 San Giovanni al Natisone
www.ilmastrobirraio.it

Antica Contea Birrificio

Ein Biertempel mitten in den Hügeln von Gorizia? In einer Gegend, die für ihren Weißwein berühmt ist und wo Hopfen und Malz etwas Exotisches waren – und sind? *Certo!* Abgesehen vom großen Gastgarten gibt es einen Tap Room, in dem man im Ambiente eines englischen Pubs die circa 20 verschiedenen Bierstile verkosten kann. Jährlicher Output: an die 100 Hektoliter.

Antica Contea Birrificio
Via IV Novembre 5/c
34170 Gorizia
www.anticaconteabirrificio.it

Cittavecchia

Besonders auffällige Etiketten, angesiedelt zwischen Vintage und Street-Art. Die Produktionsstätte samt Shop befindet sich in der Nähe der Grotta Gigante, im Karst über Triest. Das Sortiment umfasst unter- und obergärige Sorten verschiedener Stilrichtungen. Cittavecchia verwendet unzählige Spielarten von Hopfen – aus Deutschland, Tschechien, Großbritannien oder den USA. Das verwendete Wasser allerdings ist „triestinisch“ und stammt aus den Quellen des Timavo-Flusses.

Birrificio Cittavecchia
Z. A. Stazione di Prosecco 29/e
34010 Sgonico
www.cittavecchia.com

Dimont

Aus den Bergen. Nichts anderes heißt der Markenname, den sich sieben Freunde und Geschäftspartner ausgedacht haben, als sie begannen, ihr eigenes süffiges Bier zu brauen. Die fünf Biersorten, darunter auch ein Weißbier, tragen lustige Namen von Faunen und Gnomen, die in den karnischen Bergen angeblich gerne Scherze treiben: Gjan, Licj, Pavar, Bagan und Braulin. Die Biere sind nicht filtriert und nicht pasteurisiert. Die Basis ist reinstes Quellwasser vom Monte Cabia. Außerdem sind alle Biere glutenfrei.

Dimont
Frazione Cedarchis 10
33022 Arta Terme
www.birradimont.com

Villa Chazil

Naturbelassene unter- und obergärige Biere von Lager über Irish Red Ale bis zu Holunderblüten-Bier („Rugiada“) oder Hanfbier entstehen in diesem landwirtschaftlichen Betrieb. Seit 2010 dürfen Produzenten von Gerste und / oder Malz auch Bier herstellen. Die Hauptzutaten, auch der Hopfen, der zehn Biersorten kommen also von den eigenen Feldern. Eigener Verkostungsraum und Agriturismo mit warmer Küche.

Agribirrificio Villa Chazil
Via Vittorio Veneto 89/c
33050 Nespoledo
www.villachazil.it

Birrificio Foglie d'Erba

Es war einmal … zunächst ein Bierlokal mit traditionsreicher Pizzeria in einem Dörfchen des oberen Tagliamento-Tals, unterhalb der Friulanischen Dolomiten. Die Begeisterung für gutes Bier allein reichte Gino Perissutti nicht, er wollte selbst Bier brauen. Seit 2008 gibt es bei ihm Pils, Pale Ale und Stout. Oder ein Black IPA, für das Nadeln und Knospen der Latschenkiefer eingesetzt werden. Er arbeitet mit einer Fülle an Hopfensorten und charakteristischen Ingredienzien. Das Ergebnis: zahlreiche, auch europaweite Prämierungen!

Birrificio Foglie d'Erba
Via Nazionale 14
33024 Forni di Sopra
www.birrificiofogliederba.it

Pizzeria Cotòn
Via Nazionale 87
33024 Forni di Sopra

Praforte

Die Natur und ihre Schätze liegen Walter Magris besonders am Herzen. 1996 gründet er das Bierlokal Cooper's in Usago di Travesio und im Jahr 2000 seine eigene Mikrobrauerei. In die sechs verschiedenen Sorten von Birra Praforte kommen nicht nur ausgewählte Malze, sondern auch ätherische Öle aus eigenen Pflanzen oder Getreide aus eigenem biologischem und biodynamischem Anbau.

Praforte
Via Venezia 49
33038 San Daniele del Friuli
www.praforte.it

Cooper's Usago
Via Val Cosa 12
33090 Travesio

Bierflaschen sind in Sachen Form und Etiketten beliebte Designobjekte.

Zahre Beer

Hoch in den karnischen Bergen entstehen seit Generationen außergewöhnliche kulinarische Produkte, etwa der bekannte Prosciutto di Sauris. Die raue, klare Luft in Sauris di Sopra, das im alten deutschen Dialekt Zahre heißt, verleiht auch diesem Craftbeer (seit 1999) seinen Charakter – davon ist Familie Petris überzeugt. Besondere Biere sind das Chiara Pils, klar und golden, das Bionda alla Canapa, mit Hanf versetzt, das Ouber Zahre, ein bernsteinfarbenes Bier, oder das Affumicata, das mit der besonderen Note von Rauchmalz zum Trinken animiert.

Zahre Beer – Bier Khelder
Sauris di Sopra 50
33020 Sauris
www.zahrebeer.com

Gjulia

Für ihre handwerklich gebraute Birra Agricola Artigianale Gjulia verwenden die Zorzettigs, die auch Winzer und Gastronomen sind, Getreide aus eigenem Anbau und sorgfältig ausgewählten Hopfen. Das klare Quellwasser kommt vom nahen Monte Mia im italienisch-slowenischen Grenzgebiet. Birra Nord, Birra Sud, Birra Est und Birra Ovest sowie einige Spezialbiere sind vorwiegend obergärig, nicht filtriert und nicht pasteurisiert. Interessant: Birra Grecale, dem Most aus der Picolit-Traube beigesetzt wird. Die perfekte Symbiose zwischen Bier- und Weinwelt. Verkauf täglich, Lokal von Donnerstag bis Sonntag geöffnet.

Birrificio Gjulia –
Stazione Gjulia Agri-ristoro
Zona Industriale
33049 San Pietro al Natisone
www.birragjulia.com

Birra Store

Eine Riesenauswahl an nationalen und internationalen Bieren gibt es in diesem Shop in einer Seitenstraße der Via Tricesimo an den Toren Udines.

Birra Store
Viale Vat 70
33100 Udine
www.birra-store.com

Ein Investment in Prosciutto

→ Eine kleine, feine Schinkenmanufaktur als Pionierin

Prosciuttificio F.lli Molinaro

Via Prevalin 11
33030 Villuzza di Ragogna
www.fllimolinaro.com

Die Prosciutti werden einzeln selektioniert. Je nachdem, was die Kundschaft wünscht: flacher, schwerer, trockener, weicher.

4 **Das Reich von Renato Molinaro, seines Zeichens *prosciuttaio*, also Schinkenmacher, befindet sich in der Nähe von San Daniele, dem Pilgerort für Rohschinken-Liebhaber.** Wir sind in der Nachbargemeinde Ragogna unterwegs. Bei ihm, als erstem und bisher einzigem Betrieb, dürfen die edlen Stücke seit kurzer Zeit den stolzen Namen **Prosciutto di Ragogna** tragen. Vermutlich ein Meilenstein in der Geschichte Ragognas, das gemeinsam mit fünf angrenzenden Gemeinden ISO-14001-zertifiziert ist und sich schon lange einem strengen Umweltmanagement verschrieben hat. Kein Wunder, bei all der schützenswerten Natur rundum.

Unscheinbar zwischen Einfamilienhäusern eingebettet, mit Naturschönheiten wie dem Tagliamento fast in Sichtweite, befindet sich in einer Nebenstraße ein kleines Juwel in puncto Lebensmittelhandwerk.

In den 1970er-Jahren war Papa Bruno ausgezogen, um in der Ferne Deutschlands mit seiner Familie ein einträglicheres Leben zu führen als hier, in der Provinz, mit wenig Perspektive. Als tüchtiger Zimmermann kehrte er jedoch zurück zu seinen Wurzeln und war mutig genug, zu investieren, wie man heute sagen würde. Er nahm Schulden auf und baute ein Haus mit Restaurant und Pizzeria darin, es gab einen Holzofen und vor allem eine Jukebox. Die Menschen tanzten, aßen hausgemachte Pizza – und **Prosciutto di San Daniele**. Dort war man in den Achtzigern gerade drauf und dran, aus der klein dimensionierten, handwerklichen Herstellung in die industriellere Produktion überzugehen. Dafür brauchte man dringend Personal. Und so machte sich Sohn Renato auf, das Schinkenmachen dort zu lernen, wo es quasi erfunden wurde.

Die Geburtsstunde des Rohschinkens

Man weiß, dass die Methode des Haltbarmachens von Fleisch durch Salzen bzw. Räuchern bereits bei den Babyloniern, Sumerern und Römern angewendet wurde. Und historische Quellen belegen, dass in San Daniele das Schwein schon zwischen dem 11. und 5. Jahrhundert vor Christus als Nahrungsquelle diente. Grundsätzlich galt – und gilt – Schweinefleisch als schwer verdaulich, dennoch hat der Arzt Geremia Simeoni 1453 zumindest den „mageren eingesalzenen Teilen" als Antipasto einen Eintrag in seinen Schriften gewidmet. Gegen Ende des 19. Jahrhunderts reisten die veredelten Fleischteile dann schon quer durch Italien sowie an die europäischen Königshäuser. 1961 begann man, den San-Daniele-Schinken mithilfe eines Konsortiums zu schützen. Und bis heute gibt es kontinuierlich strengere Regelungen, zuletzt 2020 aktualisiert, wonach man sich verstärkt der Umwelt und des Tierwohls annimmt. Sich verändernde Gesetze, Normen und Bestimmungen haben natürlich auch Auswirkung auf die kleineren Fische in der Branche, abseits der berühmten Marke. „Siamo tutti nella stessa padella!", meint Renato. Im italienischen Sprachgebrauch, typisch Feinschmecker, sitzt man also nicht im selben Boot, sondern befindet sich in derselben Pfanne!

Bei den Molinaros beschloss der *Papà* im Jahr 1987, selbst ein Prosciuttificio zu gründen. Und so dreht sich hier seither alles um die dicken Keulen von den eigens dafür gezüchteten schweren Schweinen – bis zu 180 Kilogramm wiegen diese Tiere. In dem Familienbetrieb, heute bestehend aus Renato, seiner Schwester Monika (mit k, Deutschland lässt grüßen), Sohn Kevin und zwei jungen Cousins als Mitarbeitern, kommt das Fleisch ausschließlich aus Friaul-Julisch Venetien. Eine Gruppe von kleineren Zuchtbetrieben, Metzgereien und eben dem Prosciuttificio I Molinaro hat sich zusammengetan, um gemeinsame, ehrliche Sache zu machen.

Alles eine Frage der Reife

Wenn die weichen rosa Schweineteile mit einem Startgewicht von circa 13 bis 15 Kilogramm im Haus ankommen, werden sie zuerst gewogen, gewaschen und sortiert. Dann müssen sie das erste Mal in die Salzkammer, eingerieben mit grobem Meersalz und frischem (!) heimischem Knoblauch. So will es das „Gesetz" der Molinaros. Dann beginnt die Reise durch die verschiedenen Reifestadien: Während ihres Aufenthalts in den weitläufigen Klimazellen durchlaufen die Keulen unterschiedlichste Temperatur- und Feuchtigkeitsverhältnisse.

Wer investieren möchte, sollte es in Prosciutto tun. Denn mit einem satten Gewichtsverlust geht ein ebensolcher Wertgewinn einher

Dem Prosciutto wird vor allem Zeit gelassen. Es wird nichts beschleunigt oder gar künstlich beeinflusst. Im Gegenteil: Bei Renato handelt es sich um ein Naturprodukt ohne Zusatz von Konservierungs- oder Farbstoffen. Natürlich, die Ära der Reifung an der frischen, klaren Luft am Fuße des Monte Ragogna ist vorbei. Heute sieht jede der wertvollen Keulen auf ihrem Weg durch die komplexe Welt der Schinkenherstellung vielerlei Lüftungs- und Kühltechnik. Ein solches Trumm muss schließlich gleichmäßig trocknen, nicht nur an einer Stelle, damit es nicht verdirbt. „Aber ich mache alles auf, was möglich ist", so Renato. Und zwischendurch, wenn auch zu selten, versorgt er sich selbst mit Frischluft – beim Radsport.

Das Kunststück der Schinkenherstellung ist also, kurz zusammengefasst, die optimale Trocknung bei perfekter Elastizität zu erzielen. Zum Schluss werden die Schinkenkeulen nämlich noch mit einer Schmalzpaste, der *sugnatura*, bestehend aus Schweinefett, Pfeffer und Reismehl, eingerieben, damit sie nicht zu sehr austrocknen, bevor sie das Haus verlassen. „Ganz klar, es ist alles über Computerprogramme steuerbar", erzählt Renato. „Aber die tägliche Kontrolle von Hand lässt sich durch nichts ersetzen."

Insgesamt bedeutet der Reifeprozess für die Keulen einen Gewichtsverlust von mindestens 30 Prozent. Und das Absolvieren der verschiedenen Stadien eine echte Wertsteigerung. Dahinter verbergen sich Wissen, Erfahrung, zwölfstündige Arbeitstage und „eine Menge an Geduld und Hingabe", wie Renato bekräftigt. Und unglaublich viel Fingerspitzengefühl, wie ich bezeugen kann. „Ich bezahle und investiere außerdem früh, um dann mindestens eineinhalb Jahre warten zu müssen, bevor ich endlich selbst verkaufen kann."

Die Kostbarkeiten werden präsentiert

Wer den ansprechenden Verkaufsraum betritt, spürt sofort die friulanische Gemütlichkeit. Und auch den Zeitgeist, der sich in innenarchitektonisch geplanter Warenpräsentation und Einrichtung ausdrückt. Eine handbeschriebene Kreidetafel, das „Welcome" ist überregional, sauber aufgereiht einige handverlesene **Weine**, über der Vitrine locken edle **Nüsse, Biscotti** und **Schokoladen**. Und darunter, in der hell erleuchteten Vitrine, endlich die fertigen Werkstücke, die da heißen: **Prosciutto, Speck, Barbonsal, Mindricule, Pancetta**. Lauter Möglichkeiten, Schweinefleisch in getrockneter Form zu erhalten.

Beim Prosciutto gilt es noch einmal Reifegrade von 18, 24 oder 36 Monaten zu unterscheiden. Wobei der jüngste unter den Genossen der meistverkaufte ist, er entspricht dem heutigen Geschmack der Kunden am besten – auch hier gibt es Moden. Sein Fleisch ist zartrot, weich, cremig und schmeckt leicht süßlich. Je älter, desto trockener und damit intensiver wird er. Bekommt der Prosciutto dann als gereifte Köstlichkeit womöglich weiße Pünktchen, ist das keineswegs ein Mangel. Vielmehr ballen sich die sogenannten Tyrosinkristalle zusammen, eine Aminosäure, aus der Protein entsteht. Gut zu wissen!

Viele Kunden der Molinaros kommen aus der direkten Umgebung, andere nutzen den noch jungen Onlineshop. 80 Prozent der jährlich 10.000 hergestellten Prosciutti verbleiben übrigens in Friaul und werden dort in vorwiegend kleineren Feinkostläden angeboten. Und außerdem laben sich daran verwöhnte Gaumen in Rom und Mailand. „Ein guter Prosciutto muss im Geschäft für mindestens 40 Euro pro Kilo verkauft werden, sonst ist es unfair. Und meiner Meinung nach ist selbst das zu wenig", gibt Renato zu bedenken. Verständlich, wenn ich bedenke, dass mir der Kopf davon schwirrt, was alles getan werden muss, um sich ein Scheibchen Prosciutto auf der Zunge zergehen lassen zu können.

→
Neben Prosciutto und Speck gibt es mit Barbonsal, Mindricule und Pancetta weitere Möglichkeiten, das Schweinefleisch haltbar zu machen.

←
Der Speck, ähnlich wie wir ihn weiter nördlich kennen, wird mit fünf Gewürzen versehen: Wacholder, Thymian, Piment, Lorbeer, Fenchelsamen.

↓
Am Anfang des Reifeprozesses riecht man frischen Knoblauch – sehr angenehm! Später duftet es schon nach Prosciutto.

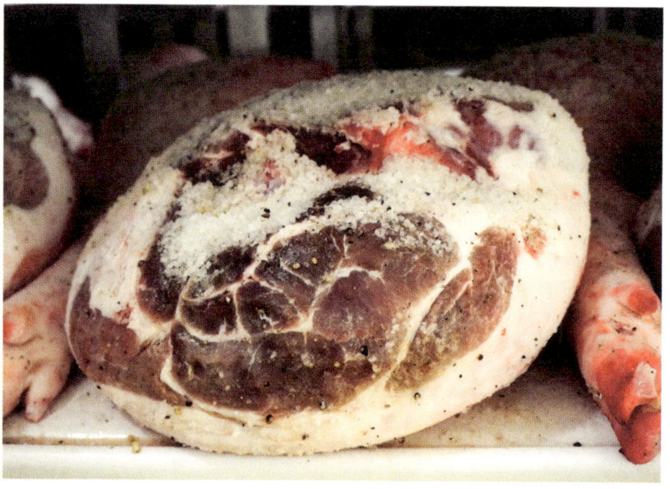

↓

Im schönen Geschäft der Molinaros kann man die Köstlichkeiten nicht nur einkaufen, sondern gleich vor Ort verkosten.

↓

Der erste „Prosciutto di Ragogna“ offenbart den ganzen handwerklichen Stolz des Schinkenmachers.

1 Casa Rossa

Wer sich in Friaul erst verlieben muss, könnte hier beginnen. Die beschilderte Auffahrt kommt überraschend. Vom Parkplatz geht es zwischen Olivenbäumen zu Fuß hinauf zum zauberhaften roten Anwesen mit Restaurant und Bed & Breakfast. Der weitläufige Garten verwöhnt mit einer Aussicht bis hinüber nach San Daniele. Die Küche des modern-gemütlichen Restaurants arbeitet mit den besten, häufig biologischen Zutaten aus nächster Nähe *(kilometro zero)*. Detailreiche Speisen machen Lust auf mehr – zwei bis drei Gänge gehen sich schon aus: hauchfeine Tagliolini in einer Creme mit San-Daniele-Schinken, Blecs (breite handgeschnittene Nudeln) mit einem Sößchen aus Wangenspeck und Räucherricotta, Geschmortes (Brasato) vom Schwein, Schnecken, ein kräftigender Frico mit Polenta und ein zartes Baiser-Dessert mit Pfirsichen und Mascarponecreme ... ach, wer wird da nicht schwach?!

In die Casa Rossa kehrt man mit allen Sinnen ein: Vor dem Haus bezaubern Lavendel und Jasmin. Auf dem Teller die feine Küche mit den besten Zutaten aus der Region.

2 Bulfon

Rund um den autochthonen Wein (mehr dazu ab Seite 120) bzw. um die historisch wertvollen friulanischen Rebsorten gibt es eine Person, die sich große Verdienste erworben hat und mehrfach ausgezeichnet wurde: Emilio Bulfon. In den 1970er-Jahren begann der Winzer in seinen eigenen Weingärten zwischen Spilimbergo und San Daniele 24 vergessene und vernachlässigte Sorten wieder anzupflanzen. Sie werden heute nach modernsten Richtlinien vinifiziert und tragen so klingende Namen wie Piculìt Neri und Forgiarìn (rote Trauben) oder Sciaglìn und Ucelùt (weiße Trauben). Die von Signor Bulfon geretteten historischen Rebsorten werden fast ausschließlich auf seinem Weingut angebaut, das mittlerweile von Sohn Lorenzo und Tochter Alberta geführt wird.

Weitgehend ungezähmt und unverbaut zeigt sich der Tagliamento bei seinem Lauf von Nord nach Süd.

Degustare!

1 **Casa Rossa ai Colli**
Via Ai Colli 2
33030 Ragogna
www.casarossaaicolli.it

2 **I Vini di Emilio Bulfon**
Via Roma 4
33094 Valeriano
www.bulfon.it

Camminare

Tagliamento — Ponte di Pinzano

Ponte di Pinzano

Ausgangspunkt

Ponte di Pinzano, San Pietro, Abzweigung markiert als „Fiume Tagliamento" (46.178885986621616, 12.960123131771049)
Gutes Schuhwerk zum Gehen ist Voraussetzung, zum Schwimmen sind Badeschuhe ideal

Dauer

Ganz nach Lust und Laune (Gehen, Baden)

Einkehren

Al Vecjo Traghet
Via Tagliamento
Località Tabine
33030 Villuzza di Ragogna
www.alvecjotraghet.it

5 **Wenn wir im Zug von Wien nach Venedig oder auf der Autobahn A 23 von Nord nach Süd reisen, begleitet uns schon durch das Kanal- und das Eisental ein Fluss.** Seine Farbe ist so anmutig, dass wir fasziniert aus dem Fenster blicken und uns an heißen Tagen nur eines wünschen: einzutauchen in das klare, mit Sicherheit tonisierende Gewässer.

In dem oberen Teil ist es noch die Fella, die sich später in einem unglaublich weiten Flussbett, auf Höhe des Orts Amaro, in den Tagliamento ergießt und ihn mit ihren Wassermassen so gut wie verdoppelt. Einer der schönsten Flüsse Europas, der über eine Länge von 172 Kilometern weitgehend „ungezähmt" fließen darf. Der Tagliamento mit seinem Ursprung auf dem Passo della Mauria auf 1195 Meter Seehöhe ist schützenswertes Naturparadies, manchmal auch Strombringer, für uns heute Ort einer genussvollen kleinen Wanderung zum Schauen und Baden.

Auf dem Weg durch Friaul-Julisch Venetien erblicken wir oft von Weitem Menschen an den Ufern des „Königs der Alpenflüsse", dessen Lauf sich witterungsbedingt ständig etwas verändert. Eine besonders attraktive Stelle, die leicht Zutritt ermöglicht, befindet sich an der Brücke von Pinzano, genauer im Örtchen San Pietro. Über die Via Bologna fährt man hinunter zu einem großen Parkplatz, der mit etwas Glück Schatten bietet.

Von hier marschieren wir durch ein Wäldchen bzw. auf den weißen Steinen am Flussufer entlang. So lange, bis wir ein Plätzchen finden, an dem es sich für einige Zeit gut verweilen lässt. Guter Sonnenschutz vorausgesetzt.

Der Fluss ist glasklar und einladend, wenn auch kühl – selbst im Hochsommer. Aber genau das ist der Grund, warum man so gerne hierherkommt. Außerdem macht es auch „großen Kindern" riesigen Spaß, sich im Flusswasser von der Strömung abwärts treiben zu lassen. Ein ungefährliches und kostenloses Abenteuer der besonderen Art.

Als Krönung dieses königlichen Vergnügens warten dann beim Kiosk ein frisch gezapftes Bier oder ein Aperolspritzer auf uns. Oder wir stärken uns überhaupt in der angrenzenden familiengeführten Trattoria bei friulanischer Küche.

Der Flusslauf des Tagliamento verändert sich ständig. Doch an der Brücke von Pinzano bietet sich ein recht bequemer Zugang zum kühlen Traum in Türkis.

Grün, grün, grün ist alles, was ich mag

→ Bei den Wildkräutern in den Natisone-Tälern

La Casa delle Rondini

Caterina und Terry Dugaro
Frazione Dughe 14
33040 Stregna

Info zum Albergo Diffuso (zentrale Kontaktstelle für alle Unterkünfte), Slow Valley Valli del Natisone, www.slow-valley.com

Das Grün der Natisone-Täler erfrischt das Auge, die Ruhe entspannt den Geist. Wanderfreudige kommen gern über den Alpe Adria Trail hierher.

6 ***Sclopit, levistico, malva.* Im Frühling ganz normales Vokabular in den Natisone-Tälern.** Auf dem Weg zu den Wildkräutern stelle ich wieder einmal fest: Wildes Grün überspannt hier Hügel und Berge so weit das Auge reicht. Gleich hinter der Langobardenstadt Cividale eröffnet sich, Richtung Slowenien, eine eigene Welt, die sich in vier kleine Täler aufteilt. Begrenzt von den Julischen Voralpen und ihrem wichtigsten Gipfel: dem Matajur. Die Straßen werden immer schmäler, kleine Orte werden zu noch kleineren Dörfern – und irgendwo, nach ungezählten engen Kehren, wenn man die laut Google kürzeste Strecke nimmt, landet man entgegen auftretender Zweifel schließlich im Örtchen Dughe auf 576 Meter Seehöhe. Und dort bei einem der hübschesten Häuser, der Casa delle Rondini.

Die Luft ist noch frischer als unten, eine Jacke mehr schadet nicht. „Ben arrivati! Herzlich willkommen!“, ruft Caterina. „Hier ist das Zimmer. Und nur damit ihr wisst: Um Mitternacht wird überall das Licht abgedreht. Also nicht erschrecken, wenn es draußen finster ist. Stockfinster.“ Ich habe keine Bedenken, dass wir um jene Uhrzeit noch auf einen Cocktail gehen. Hier, wo sich Fuchs und Has', Caterina und Terry, mein Friulaner und ich einander *Buonanotte* sagen werden.

Wandern und (sich) sammeln

Jetzt heißt es erst einmal: aktiv sein! Schließlich durchziehen zahlreiche Wanderwege die Gegend, die intakte Natur lockt auch die Weitwanderer auf dem Alpe Adria Trail herbei. So endet gleich in der Nähe, in Tribil Superiore, dessen 27. Etappe. Mehrere Häuser bieten Übernachtungsmöglichkeiten. Sie sind Teil des sogenannten Albergo Diffuso: Zur Rettung verlassener Dörfer gibt es hier, wie mittlerweile häufig in Italien, das Konzept des „verstreuten Hotels“, wonach Häuser renoviert und unter zentraler Administration zu touristischen Unterkünften verschiedener Kategorien umfunktioniert werden.

Die Natisone-Täler waren schon in der Geschichte ein Durchzugsgebiet, zumal sie eine Möglichkeit boten, die hinderlichen Alpen zu umgehen. Der ansässigen Bevölkerung fiel eine Art Wachfunktion gegen unerwünschte Eindringlinge zu, und so wurden sie in der Republik Venedig mit Steuer- und Justizprivilegien bedacht. Natürlich nützten die Dogen auch die Gelegenheit, sich mit den besten Lebensmitteln zur eigenen Versorgung einzudecken. Und nicht zuletzt mit Holz zum Schiffsbau.

An jene Zeit erinnern uns heute die „Donne della Benečija“, ein Verein von zehn Frauen, deren besondere Kompetenz im Erhalt von Traditionen in Verbindung mit innovativen Ideen liegt: Sie widmen sich der Herstellung von **Gubana** oder **Ricotta**, von **Marmeladen** oder **Safran**. Oder – der Gastlichkeit. Und immer wieder gemeinsamen Veranstaltungen. Federführend dabei ist Caterina Dugaro. In ihrem Agriturismo, den sie und Ehemann Terry seit 2007 betreiben, züchten sie Schweine und Rinder für den eigenen Fleischbedarf. Ihre 35 Schafe aber werden nicht gegessen, denn diese sorgen auf wechselnden Weiden für die wichtige Landschaftspflege. Und hinter dem Haus gibt es noch ein paar Hühner.

Sozial und regional

Mit ihrem Agriturismo ist es den Dugaros gelungen, in einer dünn besiedelten Gegend eine Art sozialen Ankerpunkt zu schaffen. Die Männer aus den umliegenden Ortschaften kommen auf eine Partie *briscola,* das typische Kartenspiel hierzulande. Am Wochenende wird aufgekocht.

Auch dabei zeigt sich Caterinas enge Verbundenheit mit ihrem Land. Die angebotenen Gerichte sprechen die besondere Kulinariksprache der Natisone-Täler. Ihre Rezepte hegt und pflegt sie mit Hingabe, um sie vor dem Vergessen zu bewahren. Ihre wohl größte Leidenschaft in der Küche sind die Wildkräuter.

Das zweisprachige Grenzgebiet an der Schwelle zwischen Italien und Slowenien ist ein beschauliches Naturparadies mit kulinarischem Eigenleben. Da werden auch die Gedanken stiller

Als Elementarpädagogin hatte sie keine einschlägige Ausbildung in dieser Richtung, ihre Kenntnisse hat sie sich im Laufe der Zeit angeeignet. Die wertvollste Quelle des traditionellen Wissens aber sind für sie die alten Frauen. Obwohl: „Sie verraten nicht alles", verrät sie mir hingegen schon. „Man braucht manchmal lange, bis man hinter alle Geheimnisse kommt."

Dass etwa das in Butter gelundene Mehl beim Einstreuen in die heiße Kräutersuppe – bestehend aus der eher bitteren *mederauca,* so heißt das Mutterkraut im hier gebräuchlichen slowenischen Dialekt, und der milderen Malve – richtig zischen muss, damit die **Župa užgana** richtig gut wird.

„Ich halte mich eher an den Schweinsbraten. Außer ich bin krank", lacht Terry und zeigt auf die herrlichen Bratenstücke, die gerade frisch aus dem Ofen kommen. Er wurde in Kanada geboren, so etwas lässt sein Vorname schon erahnen, ist aber als Kind mit den Eltern wieder zurück in deren Heimat gekommen.

Kräuter pur

Aus der Pfanne auf dem blitzblanken Herd leuchtet ein anderes Grün: *sclopit,* wie Caterina mir erklärt, fein gehackt und mit etwas Schalotte und Peperoncino abgeschmeckt, für die Tagliatelle, die es zum Abendessen geben wird. Das wilde Kräutl, im Standarditalienischen *silene* genannt, steht im Frühjahr in ganz Friaul-Julisch Venetien häufig auf den Speisekarten. Am liebsten in Form von Risotto, Orzotto oder Frittata. Bei uns, in nördlicheren Breitengraden, wird dieselbe Pflanze seltsamerweise nicht verkocht, sondern höchstens im Sommer als weiß blühendes Leimkraut auf den Wiesen bewundert.

Caterina zeigt mir auch noch ihre anderen Küchengeheimnisse: üppig wuchernde Melisse im Garten, das gefächerte Grün des jungen Fenchels, intensiv duftendes Liebstöckel (*levistico* oder *lustrich*) oder *erba di San Pietro* alias Frauenminze. Diese wandern dann, mit der Kräuterwiege sorgfältig zerkleinert, in eine weitere lokale Spezialität: die **Marve**!

Wer sich darunter wenig vorstellen kann: Die Zubereitung ähnelt jener des Kaiserschmarrens. Zuerst wird eine Art Omeletteteig mit einer Unmenge feinst gehackter Kräuter, siehe oben, in die mit Olivenöl befettete heiße Pfanne gegossen und dann nach und nach mit zwei Holzspateln zerkleinert bis zerbröselt. Zum Schluss gesalzen – oder sogar gezuckert! Leicht knusprig angebraten wurde das Gericht in früheren Zeiten zur Jause gegessen: Man stellte eine Schüssel in die Mitte des Tisches und jeder bediente sich mit der Hand daraus.

Heute werden die Marve an der Seite von **Culatello** (ähnlich Prosciutto crudo), **Coppa di testa** (einer Art Sulze) oder **grober Salami**, natürlich alles hausgemacht, zur Auflockerung eines Antipasto-Tellers gereicht.

Und dass der Bürgermeister von Stregna Energie sparen will (wohlgemerkt in Zeiten, als „Energiekrise“ noch ein Fremdwort war), finde ich sehr lobenswert. Die unbeleuchtete Umgebung stört nämlich weder Fuchs noch Has', noch Caterina und Terry, und schon gar nicht meinen Friulaner und mich: Nach einem mehrgängigen Wildkräuter-*Cena* mitsamt naturbelassenem Cabernet aus der Karaffe legen wir schlaftrunken und dankbar unser Haupt darnieder. Und verschlafen selig das Spektakel richtig finsterer Nacht.

Die regionale Spezialität Marve wird mit einer Vielzahl von Wildkräutern hergestellt.

↑
Sclopit heißt im Friulanischen das Leimkraut. Es wird mit Vorliebe zu frühlingshaften Gerichten verarbeitet.

→
Caterina Dugaro ist eine Instanz in Sachen Wildkräuter. Die Hüterin der Traditionen ist auch kreative Obfrau einer Initiative zur Weiterentwicklung des ländlichen Raums.

1 La Gubana della Nonna

Cividale – San Pietro – Azzida. Diese Eckdaten sind bei der Anfahrt essenziell. Und bitte gut auf die Nonna im Namen konzentrieren, denn Gubana-Schilder trifft man unterwegs einige. Wir landen also in einem hübschen Örtchen, wo Urlauber des Slow Valley bzw. des Albergo Diffuso Valli del Natisone gerne vorbeikommen. Die Gubana ist eine Verwandte des Kärntner Reindlings und der slowenischen Putica. Ein Germteig, gefüllt mit Rosinen, die man tagelang in Grappa einweicht, außerdem Walnüsse, Pignoli, Zucker, Butter. Die Gubana mag auch Slivovitz, den traditionellen slowenischen Zwetschkenbrand. Diesen gießt – oder träufelt – man einfach darüber. Senior-Gubana-Expertin Valeria, die übrigens als Einzige Backkurse anbietet, wird von Tochter und Konditorin Elisa unterstützt. Bei ihnen gibt es auch Strucchi, kleine gefüllte und dann ausgebackene Teigstücke, nicht zu süße Kekse, Focaccia (hier: süßes Milchbrot) oder Quiches. Alles immer frisch und mit besten Zutaten hergestellt. Im schicken Café neben der Backstube kann man die Spezialitäten kaufen.

„Nonna" Valeria gibt ihr Wissen auch in Gubana-Backkursen weiter.

Degustare!

1 **La Gubana della Nonna**
Via Algida 63
Frazione Azzida
33049 San Pietro al Natisone
www.gubanadellanonna.com

Die Weinflüsterin

→ Biodynamische Spitzenweine in den Colli Orientali

Bruna Flaibani

Società Agricola Flaibani
Località Casali Costa 7
33043 Cividale del Friuli
www.flaibani.it

Tue Gutes und rede darüber! Bei der Weinverkostung mit Gästen hält Bruna Flaibani mit ihrer Begeisterung nicht hinter dem Berg.

7 **Die Geräusche im Hügelland der Colli Orientali, ganz im Osten Friauls, sind anders als anderswo.** Irgendwie gedämpfter. Die Welt scheint überhaupt eine andere hier. Sie ist grüner, natürlicher. Wälder und Weingärten wechseln sich ab, werden durchzogen von schmalen bis sehr schmalen Straßen. Rechts und links davon immer wieder Schilder, die zu bekannten Weingütern führen.

Kein Schild hingegen weist zu unserem heutigen Ziel, wir müssen schon genau hinschauen, um es zu erspähen. Kein imposanter oder durchdesignter Anhaltspunkt, der uns ins Auge springt. Ein wahrlicher Geheimtipp also. Auf einem alten Weinfass abseits der Straße steht dann doch: „Flaibani". Etwas außerhalb von Cividale, in unmittelbarer Nähe zur slowenischen Grenze, treffen wir eine Frau, die am liebsten dort ist, „wo die Natur spricht". Sie erwartet uns schon am Fuße ihres Weinreichs.

Von Bolognese zum Friulano

Bruna Flaibani, ein Bündel an (guten) Energien, hat ihrem Leben 2016 eine 180-Grad-Wende verpasst und sich als echtes Stadtkind der dauerhaften Frischluft verschrieben. Zwar war sie vorher schon vertraut mit Land und Leuten – schließlich pendelte sie mit Ehemann Maurizio und den Kindern von Bologna aus über 20 Jahre lang regelmäßig hierher, um die Familie in Friaul zu besuchen und den Schwiegervater im Weinbau tatkräftig zu unterstützen. Doch dann kam eines Tages die entscheidende Frage: „Wollt ihr hier weitermachen?" Zum Glück aller Weingenießer sagte Bruna: „Ja!", während Maurizio weiterhin beruflich fest in Bologna verankert blieb.

Mit Frauenpower ging sie ans Werk. Der Boden war von Schwiegervater Pino in jedem Sinn jahrzehntelang aufbereitet worden. Bereits seit 2011 wird hier biodynamischer Weinbau betrieben – die Zertifizierung für den biologischen Anbau erfolgte 2012. Und Bruna „Dinamica" war in ihrem Element: Zunächst unterstützte sie die Familie im Verkauf, dann im Weinkeller, schließlich im Weingarten. Heute ist es umgekehrt: Sie ist die Weinmacherin, die im kleinen Familienbetrieb Unterstützung bekommt.

Für sie sind ihre Weinstöcke die wahre „Power". Kein Wunder, schenkt Bruna ihnen doch grenzenlose Aufmerksamkeit. Sie schaut hin, sie beobachtet, wie sie es vom großen Lehrmeister der Biodynamik, Alex Podolinsky, höchstpersönlich gelernt hat. Zwei Mal hielt sich der Weltbürger mit deutschen und russischen Wurzeln, zu Hause in Australien, bei Bruna auf. Seitdem sieht sie, wie sie begeistert berichtet, stets „das Schöne, das Harmonische" an ihren Rebstöcken, die teils zwischen 40 und 90 Jahre alt sind.

Verbündete im Boden

„Schau, wie der Boden beschaffen ist!" Ich schreite andächtig durch die Rebzeilen. „Der ist elastisch, der federt! Und das trotz siebzehn Weingartenbehandlungen mit dem Traktor letztes Jahr!" Das Geheimnis lüftet Bruna sogleich: Mikroorganismen. Auch ich spüre sie ganz genau. Denn da ist nichts kompakt, nichts zusammengedrückt. Da ist Leben im Boden!

Ich bin mir sicher, Bruna spricht auch mit den Rebstöcken, sie horcht in sie hinein, da und dort wird eine Streicheleinheit dabei sein. Der Gesundheitszustand der Blätter sage mehr als tausend Worte, erzählt sie, die Frau, die merklich gerne kommuniziert. „Sie lassen mich erkennen, was ich zu tun habe, welche Strategie ich zu verfolgen habe in der Weingartenarbeit." Denn: „Wir arbeiten *mit* der Natur!" Die Biodynamik ermöglicht vor allem, nichts hinzuzufügen. Wenn die Böden gesund sind, ist automatisch die Biodiversität gegeben. Da muss man nichts säen, damit es blüht.

Von den sechs Hektar Land der Azienda Agricola sind drei Hektar Weingärten. Was bei dieser kleinen Fläche und dem fabelhaften Alter der Weinstöcke herauskommt, lässt sich schon erahnen: hochqualitative Weine aus Handwerksproduktion.

Die schöne Mutter

Bruna streift weiter durch ihre in friulanischer Tradition teils gemischt, also mit mehreren Rebsorten, bepflanzten Weingärten. Voller Hingabe dem Ruf ihrer Arbeit (oder eher: der Berufung) folgend. 10.000 Flaschen jährlich sind gezählte Maßarbeit, zwei Weiß- und fünf Rotweine hat sie in ihrem Repertoire. „Alle sind Kinder derselben Mutter, alle sind anders, aber gleich schön!", sagt sie über **Riviere, Schioppettino** oder **Cabernet Franc.**

Der auf den ersten Blick ungewöhnlichste Wein (erlesen sind sie alle) ist ihr **Pinot Grigio Ramato**: Er kommt daher wie ein Orange Wine, ist aber keiner. 24 Stunden „auf den Schalen", in denen der Traubensaft in Kontakt mit Schalen und Kernen bleibt, verleihen dem Weißwein, der ein solcher auch wieder nicht ist, einen intensiven Kupferton. Was für ein Schelm! Und dass bei diesem edlen Getränk nicht nur das Auge, sondern auch der Gaumen jubelt, ist spätestens nach dem ersten Schluck klar.

Bruna „Dinamica" macht ungewöhnliche Weine, die bisher Gekanntes auf den Kopf stellen

Und die Arbeit?, fragt man sich. Bringt nicht eine so naturnahe Bewirtschaftung und auch die Weinherstellung selbst, die übrigens zur Gänze biozertifiziert ist, unmäßig viel Aufwand mit sich? „Im Gegenteil!", sprudelt es aus Bruna heraus. „Ich muss *weniger* tun, und seit wir so produzieren, haben wir Kosten von nur 48 Euro für Pflanzenschutzmittel – das 500er-Präparat – pro Jahr! Das heißt, Wein so herzustellen, ist auch ökonomisch nachhaltig, nicht nur ökologisch."

Mit einem guten Gefühl denke ich an Alex Podolinsky und seine Weitsicht, durch die ihm klar wurde: Die nächste zu tätigende Handlung ist eine unerwartet unmögliche oder eine unmöglich unerwartete. In diesem Sinne: Nicht nur Bruna, sondern wir alle wissen, was wir für Mutter Erde zu tun haben. *Evviva*! – Auf das Leben!

↑
Nahe Cividale, mitten in einem der besten Weinbaugebiete des Landes, liegen die Rebflächen der Flaibanis.

←
Die Arbeit der Winzerin endet praktisch nie. Das ganze Jahr über werden die Weingärten bearbeitet und gepflegt.

Der Mehlpakt

→ Echtes Handwerk im Zeichen der Solidarität

Molino Tuzzi

Località Trussio 5
34070 Dolegna del Collio
www.molinotuzzi.it

Panificio Iordan

Piazza Vittoria 16
34070 Capriva del Friuli
www.panificioiordan.it

Azienda Agricola e Agriturismo Scribano

Via Craoretto 22
33040 Prepotto
www.scribanovini.it
November bis Ende Mai

Società Agricola Klanjscek

Località Ossario 13/c
34170 Gorizia
www.klanjscek.it

Alte Getreidesorten werden mit handwerklichem Können vermahlen und im Holzofen zu bestem Brot verbacken – das ist gelebte Tradition.

8 **Molino Tuzzi, Trussio.** Im Gegenlicht des Eingangstors zur Mühle sehe ich eine Person eilig hin- und hersausen. Ich spüre, hier gibt es immer viel zu tun. Und Besucher sind im Alltagsgeschäft, das im Prinzip nie ruht, auch noch unterzubringen. *Uffa*. Enrico Tuzzi, ursprünglich Önologe und Agrarwissenschafter, verschlug es nach Jahren im Weinbau wie alle seine unmittelbaren Vorfahren in die heiligen Mehlhallen.

Alles hier strotzt vor Geschichte. Enricos Maschinen stammen aus den 1960er-Jahren. Doch die Müllerskarriere der Familie Tuzzi geht zurück auf Ururgroßvater Giacomo, der 1897 genau an dieser Stelle begann, Getreide aus Friaul zu vermahlen. Die heute noch bestehende Mühlenanlage aus dem 13. Jahrhundert war einst im Besitz der Grafen von Spilimbergo.

Enrico betreibt mit Hingabe den von ihm gegründeten „Patto della farina", den Mehlpakt. Der Mittvierziger ist für mich der lebendige Beweis für Zusammenarbeit, Solidarität, Nachhaltigkeit, Arbeitsamkeit. Er und seine Freunde glauben an Werte und kämpfen gegen die Windmühlen der Bürokratie und der Globalisierungseffekte. Sie sind fröhlich, aber auch manchmal müde. Sie unterstützen einander in ihrem handwerklichen Tun. Das Schönste für sie ist, zu sehen, dass Kundschaft und Gäste wertschätzen, was an wertvollen Traditionen erhalten wird.

In diesem Verbund, der sich auf alte Getreidesorten namens **Verna, Autonomia B** und **Gentil Rosso** konzentriert, sind nicht nur Bäcker, Restaurateure und Agriturismo-Betreiber Teil des Ganzen, sondern auch Endkunden. Der Müller liefert Mehl in Großgebinden an Kleinabnehmer und diese verteilen es in Haushaltseinheiten an Nachbarn, Verwandte und Freunde. Enrico minimiert damit sowohl sein Risiko als auch die Vertriebskosten.

Außerdem setzt er auf „Information statt Werbung", wie er sagt. Und auf biologischen Anbau, der allerdings nicht zertifiziert ist: „Das brauche ich nicht. Das Getreide wächst vor dem Haus, alle können sehen, wie ich arbeite. So sparen wir uns den bürokratischen Aufwand. Was sich wieder positiv auf den Endpreis des Produkts auswirkt!"

Der jährliche Output beträgt circa 23 Tonnen *farina del patto* – als Vollkorn- und Halbvollkornmehl – und 12 Tonnen vermahlener Mais. Auf der Suche nach Lieferanten von Qualitätsmais beißt er sich jedoch zunehmend die Zähne aus. In einem Land, das zu jedem zweiten Gericht Polenta reicht?! Die schlichte Antwort: Zu viele Bauern beliefern die Industrie.

Enricos Mehle sind in der Gastronomie gefragt, etwa im Restaurant Subida in Cormòns oder in der Pizzeria La Blave in Mortegliano. Für den Haushalt gibt es verschiedene Sorten und auch speziell enthülste Gerste und Polenta in der Mühle zu kaufen, wo man gleich das kleine Museum besichtigen kann.

In der Anwendung der Mehle gibt es nur eines zu beachten: Sie haben einen wesentlich niedrigeren Glutengehalt als herkömmliche Mehle, wodurch sie zwar bekömmlicher sind, aber gleichzeitig den Teig nicht so „aufpolstern" , erklärt mir Enrico. Der ideale Germanteil bei Pizza- oder Brotteig ist niedrig, die Gehzeit hoch, jedoch maximal zwölf Stunden lang.

Panificio Iordan, Capriva del Friuli. Wer sich beim Backen lieber auf einen Fachmann verlässt, ist bei Matteo Iordan, Bäcker und Kooperationspartner der ersten Stunde, in besten Händen. Auch er bekam die Liebe zum Handwerk von den Vorfahren in die Wiege gelegt und hat, wie schon sein Kumpel Enrico, vom Vater übernommen. Seit 1890, als hierzulande die Habsburger regierten, wird die Bäckerei ohne Unterbrechung von der Familie betrieben. In Capriva, einem Dörfchen mit nicht einmal zweitausend Seelen, hält Matteo gemeinsam mit seinen Schwestern daran fest: Eine Vielzahl an **Sauerteigbroten** aus biologischem Mehl, darunter eben jenes aus der „Paktgruppe", das von Enrico kommt, findet sich in den Präsentationskörben. Es gibt **Weißbrot** und **Vollkornbrot**, aus Weichweizen, Roggen, Buchweizen, Mais, Kamut. Brot mit Olivenöl, mit Schweinefett, mit Milch. Mit Sonnenblumenkernen, mit Oliven. Feines **Süßgebäck** – knusprige Brioche mit Schokolade, weiche Brioche mit Marmelade, **Mürbteigtörtchen mit Früchten, Gubana, Teegebäck. Ofenfrische Pizzastücke**. Sein gesamtes Brot und Gebäck wird nach alten Rezepten und in Handarbeit hergestellt – ausschließlich im holzbefeuerten Ofen. Eine Rarität! Ressourcenschonung und Nachhaltigkeit wurden hier immer schon großgeschrieben.

> Es gibt immer viel zu tun und das macht oft müde. Aber auch unglaublich zufrieden

Matteo, früher Kommunikationswissenschafter mit Arbeitsjahren in London und Paris, liebt seine Berufung. Und seine Kunden, die teils weite Wege auf sich nehmen, um das ehrliche Iordan-Brot auf Vorrat zu kaufen und einzufrieren. Oder um die Köstlichkeiten vor Ort, in der Caffetteria beziehungsweise im Gastgarten auf der Piazzetta, zu verschmausen.

Obwohl der Mensch hier vom Brot allein leben könnte, geht's ein Stück weiter zu einem weiteren Mehlpaktpartner.

Agriturismo Scribano, Prepotto / Craoretto. Lustvoll gondeln wir also durch die schönen Weingegenden vorbei an Cormòns und Brazzano, circa 15 Kilometer nördlich vom letzten Stopp. Und wie wir es schon kennen: Man kommt an – und ist sich sicher, falsch zu sein. Die Zufahrt so unauffällig, ein roter Holzpfeil als vages Indiz, dass es „irgendwohin" geht. Wie Eindringlinge landen wir in einem Hof, der nach privater Einfahrt aussieht. Ein Hausgarten, Arbeitsgeräte stehen herum. Wir stellen das Auto ab. *Vediamo* – schauen wir! Von der Haustür aus, sie bleibt im Sommer gastfreundlich offen, erblicken wir einen alten Holzherd, hierzulande *spargher* genannt, mit dem im Winter sicher noch eingeheizt wird. Wir wagen uns hinein. Schon der erste Raum wirkt einladend, soeben geerntetes Gemüse leuchtet farbenfroh aus einer Schüssel. Im Nebenraum sind die Tische bedeckt mit frischer hausgemachter Pasta, die zum Trocknen aufgelegt ist: **Blecs** aus Buchweizenmehl, breite handgeschnittene Bandnudeln. Sozusagen der fortgeschrittene Zustand der – Ehrensache! – Tuzzi-Mehle.

Ein Blick in die Küche zeigt dampfende Töpfe, dahinter Hausherrin Caterina bei der wichtigsten Arbeit in diesem Haus, wenn hungrige Gäste kommen. Der lauschige Gastgarten ist eingebettet in sattgrüne Weingärten, die schon im Juli ansehnliche Trauben tragen. Und gleich neben dem Haus rauscht eine Roggia vorbei, einer der typischen friulanischen Bewässerungskanäle, der hier vom Fluss Iudrio gespeist wird und früher die hauseigene Mühle antrieb.

Dann beginnt Alberto, Hausherr in dritter Generation und gelernter Kommunikationstechniker, mit sichtbarer Freude aufzutischen: Speisen wie bei der *Nonna*. Zunächst die vorhin schon lustvoll beäugten Blecs, einmal mit **Ente** und einmal mit **Tomaten und Salsiccia**. Außerdem einen knusprigen **Frico mit Spinat**, daher dunkelgrün, dazu ein Polentatörtchen. Auf der anderen Seite des Tisches landen zwei sattmachende **Polpette**, Fleischbällchen, aber größerer Dimension, mit etwas Tomate und an der Seite gezwiebeltes Kartoffelpüree. Das Gemüse kommt aus dem eigenen Garten. Die hauseigenen **Bioweine** sind Albertos Metier. Er bringt uns einen zartrosa **Pinot Grigio Ramato**. Ein Gedicht in mehreren Strophen.

Bis der Kaffee kommt, dauert es ein wenig. Klar, denn er wird in der Moka zubereitet. Und zum „Ausspülen“ der leeren Tassen, als Ritual *resentin* genannt, gibt es einen Hausgrappa – ebenfalls zartrosa! Und wie es sich für einen echten friulanischen Gastgeber gehört, gibt es noch eine Draufgabe „vom Haus“. Zur Wahl: eine ganze Reihe von Grappas mit Früchten oder Gewürzen versetzt. Ich wähle „5 Kräuter“, aus denen ich gleich die Raute herausschmecke, die ich vorhin im Garten entdeckt hatte – das Glück ist oft so nahe.

Ristorante Klanjscek, Ossario. Und weil nur das vierblättrige Kleeblatt Glück bringt, haben wir noch eine Etappe, eine halbe Autostunde Richtung Westen. Erhöht über Gorizia, unterhalb der imposanten zylinderförmigen Militärgedenkstätte Ossario di Oslavia aus dem Jahr 1938, erreicht man auf einer kleinen Nebenstraße in wenigen Minuten zu Fuß oder mit dem Auto einen Gebäudekomplex. Hinweise auf Geschäftstätigkeit sind auch hier nur dezent vorhanden. Wir haben aber gelernt, uns nicht entmutigen zu lassen. Die wahren Kostbarkeiten zeigen sich oft erst auf den zweiten Blick.

Ein Mann öffnet die Tür, er erwartet Gäste, aber nicht uns. Wir kommen trotzdem ins Gespräch. So dürfen wir gespannt einen Blick ins Hausinnere werfen. Dejan Klanjscek erzählt uns die Geschichte eines Mannes, der als Erster in der Familie ein Restaurant betreibt. Dazu Wein macht. Und Zimmer vermietet. Seine Geschichte.

Großvater Mirko, dessen Strohhut sich im modern designten Etikett der Flaschen wiederfindet, hatte zwar Wein angebaut, die Trauben aber verkauft. Und die Großmutter das Gemüse aus dem eigenen Garten unten in Gorizia, in der Markthalle. Heute kommt das Gute ins eigene Töpfchen.

Und aus den Biotrauben macht Dejan in meisterlicher Weise **Orange Wine**: Eine golden leuchtende Wucht im Glas und gar nicht naturtrüb, wie sonst üblich. Und dies ohne Filtration? „Muss man können", bestätigt mir der Mann für alle Fälle. „Er bleibt einen Monat im Edelstahltank."

Dejan, er ist auch der Chefkoch, bäckt sein täglich Brot selbst – mit dem Mehl aus dem „Patto della farina". „Heutzutage muss jedes Lokal sein eigenes Brot haben, anders geht das nicht mehr!", ist er überzeugt. „Man muss nicht viele Sorten haben, drei oder vier, das reicht schon." „Nur" drei oder vier?! Ich staune nicht schlecht.

Schwerpunkt seiner regionalen Küche sind Fleischgerichte. Die Peka, die für Slowenien (und Kroatien) typische Kochglocke über offenem Feuer, ist bei den Gästen besonders beliebt und befindet sich mitten im einladenden Gastraum. Für dessen geschmackvolle Dekoration ist – zur Abwechslung – die Frau Mama zuständig. Das mächtige Familienfoto in Schwarz-Weiß spricht Bände über die Bedeutung der familiären Wurzeln.

Auf der Terrasse zündet sich Dejan eine Zigarette an und gönnt sich einen der raren Augenblicke der Ruhe. Wir dürfen derweil den weiten Blick über die Weinhänge des Görzer Hügellandes – Collio Goriziano in Italien bzw. Goriška Brda in Slowenien – in vollen Zügen genießen.

Enrico Tuzzi (li.) und Matteo Iordan sind Gründungsmitglieder des „Mehlpakts". Sie glauben an das Gute in ihrer Arbeit.

↑
Im Agriturismo Scribano landet das Mehl aus dem „Patto“ unter anderem in den Blecs, den grob geschnittenen Nudeln.

←
Hoch über Gorizia bäckt Winzer und Küchenchef Dejan Klanjscek täglich mehrere Sorten Brot – für die Gäste des Hauses.

Wenn Geschenke *bella figura* machen

→ Besuch in einem der ältesten Spezialitäten-geschäfte Udines

Acer di Mesaglio A. & C.

Via Daniele Manin 16
33100 Udine
www.acerudine.com

Drei Generationen – Adelina, Maurizia und Aurora – lieben es, die Wünsche ihrer Kunden von deren Augen abzulesen.

9 **Wie es sich wohl arbeiten lässt, so mitten in der absoluten Fülle? In einem Sammelsurium von Flaschen, Gläsern, Säckchen und Döschen mit farbenfrohen Inhalten?** Das fragen wir am besten Maurizia Moretti, Chefin von Acer, *der* Institution Udines, wenn es um verzehrbare Geschenke der Extraklasse geht. In ihrem Laden in der Via Manin, zwischen Porta Manin und Piazza della Libertà, reihen und stapeln sich die Spezialitäten bis unter die Decke.

Der historische Palazzo Pavoni Asquini beherbergt seit 1946 eines der traditionsreichsten Geschäfte der Stadt. Die einstige Gründerfamilie betrieb eine Destillerie und verkaufte ihre Ware in der Likörhandlung in zentraler Lage. Dann kam Adelina: 1978 übernahm die Branchenfremde, sie war Buchhalterin, das Geschäftslokal und erfüllte sich damit ihren Traum von mehr Kreativität. Die Mutter einer kleinen Tochter – Maurizia – erweiterte das Angebot: Wein, Süßigkeiten und andere hochwertige kulinarische Produkte kamen hinzu. Sie schaffte es, zur allerersten Anlaufstelle für exquisite Geschenksideen zu werden.

Bis heute zieht das Geschäft unter Frauenpower Stammkunden aus Udine, ganz Friaul-Julisch Venetien, aber auch aus Slowenien und Österreich an. Die Qualitätskontrolle bei der Auswahl der Produkte erfolgt in der gesamten Familie. Da wird gekostet, getestet und im Idealfall für gut befunden. „Wir produzieren zwar nichts selbst. Aber wir stehen für die Produkte, die wir verkaufen!", erklärt Maurizia. Und sollte jemand auf die Idee kommen, einzuwenden, dass diese nicht unbedingt „gesund" seien, hat Maurizia noch eine Ansage parat: „Das Wichtigste ist sehr Gutes, aber auch das Maßhalten."

Keine Allerweltsware

Mittlerweile sind drei Generationen am Werk. Maurizias Tochter Aurora unterstützt das Team im Laden. Und alle drei Frauen haben riesige Freude an dem, was viele Menschen wohl als „Paradies" empfinden. Selbst als geübte Feinschmeckerin bekomme ich große Augen, wenn ich mich in den engen Gängen drehe. Berühmte Namen neben noch nie gesehenen Marken. Doch auch bekannte Etiketten sehen hier ein wenig anders aus. Zahlreiche Produzenten haben Spezialeditionen, etwa bei Rum oder Gin, die mit besonders aufwendigem Outfit für Geschäfte dieser Art hergestellt werden. Allerweltsware findet man hier also nicht.

„Uns ist auch wichtig zu zeigen, dass Friaul nicht nur Wein und Grappa bedeutet. Wenn man tiefer gräbt, fördert man unglaublich viele fantastische, auch preisgekrönte Produkte zutage: Natürlich müssen wir manchmal Nein sagen, weil wir gar nicht so viel Platz haben", so Maurizia. „Obwohl wir sehr gerne auch lokale Kleinstproduzenten ins Programm nehmen."

Das Sortiment, bestehend aus mindestens 4.000 lagernden Flaschen und „unendlich" vielen anderen Produkten, ist circa 50:50 in international und national aufgeteilt. **Champagner, Whiskey, Cognac, Olivenöle,**

Essige, Zuckerl, Karamellen, Bonbonnieren, friulanischer Vermouth (auf der Basis eines altösterreichischen Rezepts, wie betont wird), **Eingelegtes, Marmeladen, Honige, englische Erdnussbutter, französische Kekse** … dazu gibt es stets eine liebevolle Verpackung und auf Wunsch die handbemalten Beigaben von Signora Adelina. Sie lässt es sich nicht nehmen, an ihrem ganz persönlichen Arbeitstisch in einem Winkel des Geschäfts noch täglich zu arbeiten. „Das ist meine Meditation!"

Wenn Kunden wiederkommen

Tochter Maurizia hingegen ist mehr „die Praktische", wie sie selbst sagt. Das kann sie auch gut gebrauchen in diesen Zeiten: Meist sind sie nur mehr zu zweit im Verkauf. Für den Onlineshop, den es seit 2018 gibt und der wertvolle Dienste leistet, ist sie überhaupt allein zuständig. Und so hat sie im Vorjahr „dreimal mehr" gearbeitet hat als je zuvor. „Aber es gibt mir irrsinnig viel. Der Zuspruch ist enorm. Das Schönste für mich ist, wenn die Kunden glücklich wiederkommen. Die fetten 1980er-Jahre sind zwar vorbei, die Kaufgewohnheiten haben sich geändert. Trotzdem kommen schon ganze Generationen hierher, weil sie wissen: Mit einem Geschenk aus unserem Geschäft liegen sie nie falsch, machen immer *bella figura*!"

Ich sehe, wie Maurizia aufblüht, wenn sie um Rat gefragt wird. Es sprudelt regelrecht aus ihr heraus, sie weiß zu jedem ihrer Produkte etwas zu sagen. Das ist hier Standard. Kaum jemand streunt nach Betreten des Geschäfts mutterseelenallein und hilflos suchend durch die Regalreihen.

„… und dies ist eine neue Linie von einem Produzenten aus Pordenone. Ein internationaler Sternekoch, der zu seinen Wurzeln zurückgekehrt ist. Er verarbeitet ausschließlich natürliche Zutaten. Es gibt Marmeladen ohne Zuckerzusatz, verschiedene Liköre auf Grappa-Basis, zum Beispiel mit Pflaume und Quitte, oder diesen Amaro hier …" Den ich gleich nach Hause entführe. Dank Enzian, Ingwer, Wacholder und Mariendistel eine würzige Erfahrung, die mich sofort entflammt. Auf Eis und mit einem Stück Orangenzeste hat er das Zeug für die Ewigkeit.

In dieser Wunderkammer hochwertiger Genussmittel werden geübte Feinschmecker und ideensuchende Kundschaft gleichermaßen beglückt

Schon als Zwölfjährige war Maurizia regelmäßig bei ihrer Mutter im Geschäft, vor allem zu Weihnachten. Die Freundinnen gingen Skifahren – sie half, die Berge von Geschenken zu verpacken. „Es war zum Haareraufen im Keller. Wir wussten nicht mehr, wohin mit allem!" Aber sie war mit dermaßen viel Begeisterung dabei, dass sie nie etwas anderes machen wollte. Und so trug es sich zu, dass eines Tages ein junger Bursche das Geschäft betrat, mit dem Wunsch nach einem Geschenk. Er bekam aber nicht nur dieses, sondern gleich Maurizias Herz dazu. Damit wurde ihr gar der spätere Ehemann frei Haus geliefert. „Dieser Mikrokosmos ist meine Welt, hier spielt sich alles ab. Auch meine beiden Kinder sind im Geschäft groß geworden, ich habe ja immer gearbeitet."

Persönlichkeit punktet

Selbst wenn das Businesskonzept des kunterbunten Ladens aus der Zeit gefallen scheint, tut sich doch regelmäßig Neues. Ständig gibt es „new entries", wie Maurizia sagt. Und die Kundschaft verändert sich mit: Auch ganz Junge suchen die persönliche Beratung, informieren sich über Nischenprodukte, wie sie heute eben modern sind. Sie kommen durch Mundpropaganda her. „Der Austausch mit den Kunden hält uns frisch", bestätigt Big Boss Adelina.

Jetzt braucht es nur noch die Kunst, wieder eine neue Mitarbeiterin zu finden. Die letzte ist nach 30 Jahren in Pension gegangen. Und die Nachfolge? Die drei Damen schmunzeln. „Nichts soll erzwungen werden." Aber ich spüre, diese spezielle kleine Welt als Schmelztiegel großer Spezialitäten wird Moden überdauern. Mit der familieneigenen Jugendlichkeit wird man weiterhin das Beste vom Besten offerieren: Gute Figur ist noch dazu im Preis inbegriffen.

Tausende „glücklich machende" Produkte finden sich im traditionsreichen Geschäft mitten im Centro Storico Udines.

1 Leon d'Oro

Mitten im Zentrum und dennoch etwas abseits des üblichen Udine-Rundwanderwegs. Es gibt immer Kleinigkeiten zu essen, mittags und abends auch warme Küche. Vor allem aber kommt man zum *aperitivo* hierher, also nach der Arbeit bzw. vor dem Abendessen (das klassischerweise nicht vor 20 Uhr eingenommen wird). Umfassende nationale und internationale Weinauswahl, Champagner, Bier ... immer wieder auch Raritäten. Klar, es gibt auch Spritz Aperol! In der warmen Jahreszeit herrscht vor dem Lokal Trubel und es wird geplaudert, gelacht und getrunken, als gäbe es kein Morgen. *La vita è bella!*

2 Osteria 51

Es kann sein, dass man an dieser Osteria im Süden von Udines Zentrum zunächst vorbeifährt. Aber mein Friulaner ist da geduldig: Umdrehen lohnt sich. Sie liegt hinter einer langen grauen Steinmauer und irgendwo thront dann doch ein Schild. Hinter dem Parkplatz unter Bäumen verbirgt sich ein verwunschener Lauschegarten. Und es offenbart sich ein urig-gemütliches Lokal, in dem man sich abends, nach einem sommerlichen Badetag, auch leger gekleidet über schlichte, gute Hausmannkost, die *cucina casalinga*, hermachen kann.
Bei angenehmer Musikuntermalung, sogar im Freien, werden wir aufmerksam und freundlich bewirtet: So gibt es etwa Orecchiette mit Pesto und Mandeln, Affettati misti, herrlichen Arrosto di vitello tonnato auf Rucola (mein Favorit), kühlen schwarzen Riso venere mit gebratenem Gemüse und Burrata. Und als i-Tüpfelchen? Schokoküchlein mit Mascarponecreme. Der tadellose Hauswein wird in der Literflasche serviert.

3 Al Marinaio

Im Zentrum Udines auf einen Seefahrer zu treffen gehört zu den unwahrscheinlichen Ereignissen. Ebenso selten findet man auf der Speisekarte des historischen Lokals trotz seines Namens ein Fischgericht. Ausnahme: Baccalà, Stockfisch, gibt es.
Das Marinaio ist ein Tempel der rustikalen Fleischgenüsse: von den Antipasti, zum Beispiel Crostini mit Lardo oder Soppressa, über die Primi wie Tagliatelle mit Gulasch oder Gnocchi mit Kaninchen bis hin zu den Secondi wie Schweinsstelze oder Ente mit Orangen. Wer Hunger und gleich Lust auf „alles" hat, dem sei ob der Portionsgröße zur Vorsicht geraten. Die Preise sind im Vergleich dazu diametral angesetzt.
Die Weinauswahl besteht aus verschiedenen Roten und Weißen – des Hauses.
Unterm Strich: Gemütlich, praktisch, gut.
Im Sommer auch zum Draußensitzen.

4 Casale Cjanor

Das Landhaus etwas außerhalb von Fagagna liegt eingebettet in der sanft hügeligen Landschaft. Grillen- und Zikadenzirpen zählt hier zu den lauteren Geräuschen. Das Restaurant des geschichtsträchtigen landwirtschaftlichen Familienbetriebs ist wochenends geöffnet – und das sollte man nutzen. Vorwiegend Produkte aus eigener Erzeugung werden zu köstlichen Gerichten veredelt, zum Beispiel zu Muset mit Polenta, mit Kartoffelcreme gefüllte Cannelloni auf Gänseragout oder doppelt gegarter Entenkeule.
Bekannt ist das Haus auch für sein „Pestât di Fagagna", seit 2006 ein „Presidio Slow Food", also ein besonders schützenswertes Produkt. Die Paste aus Speck, Gemüse, Kräutern und Gewürzen verfeinert auf aromatisch-geniale Weise einfach alles: Pasta, Gemüsegerichte, Fleisch, Kartoffeln. Gibt es hier neben anderen hausgemachten Produkten zu kaufen.

ie Kreativität ist im Casale Cjanor
berall sichtbar – auch auf den Tellern.

Hinter solchen Mauern verbergen sich oft kulinarische Kleinode – wir lassen uns nicht vom Genuss abhalten!

Degustare!

1 **Osteria Leon d'Oro**
Via dei Rizzani 2
33100 Udine
www.leondoroudine.it

2 **Osteria 51**
Via della Madonnetta 51
33100 Udine

3 **Osteria Al Marinaio**
Via Cisis 2a
33100 Udine
www.trattoriaalmarinaio.business.site

4 **Azienda Agricola Casale Cjanor**
Via Casali Lini 9
33034 Fagagna
www.casalecjanor.com

5 Latteria Borgo Centro und Latteria Borgo Paludo

Fagagna ist ein kleines Käseparadies: Zwei familiengeführte Molkereien mit jeweils an die hundert Jahre Geschichte auf dem Leib bzw. Laib stellen großartige Produkte aus frischer Rohmilch her. Beide haben Verkaufsstellen im Ort und bieten eine unglaubliche Vielfalt an Käse. Hauptsächlich aus Kuh-, aber auch aus Ziegen- und Schafmilch. Beide haben als Aushängeschild den „Latteria di Fagagna" in unterschiedlichen Reifegraden. Weiters gibt es Caciotta, Ricotta, Mozzarella, Stracchino, mit Kräutern oder Peperoncino verfeinerte Käse, Butter, Frischmilch und hausgemachtes Eis. Dazu eine Auswahl an Grissini, San-Daniele-Schinken, Eingelegtem für den perfekten Antipasto-Teller zu Hause.

Die Käseauswahl in Friaul ist generell ein Gedicht. Direkt beim Molkereibetrieb scheint sie dann unübertrefflich.

6 Spadons

Da ist dieses Gefühl, schon beim Betreten eines Lokals nicht mehr wegzuwollen. Die „typische friulanische Gastlichkeit" an einem Ort festzumachen, ist sicher gewagt. Aber das Spadons ist so eine Art Inbegriff. Der schöne alte Terrazzo-Boden, der Schankraum, in dem die Stammgäste am Tresen stehen und mit dem Wirt tratschen. Wo man auch als Neuankömmling gleich Sozialkontakte pflegen kann. Die dunklen Holzmöbel im heimeligen Speiseraum, die Tische gedeckt mit Stoffservietten und Tischtüchern, blitzenden Gläsern. Ich sitze gerne im einfacheren Gastraum, in der Nähe der Küche, umgeben von Büchern, Kupfertöpfen und Bildern.
Die Eigenbau-Weine sind Giuliano Masarottis ganzer Stolz: Elegant der Spumante aus Pinot Nero, bemerkenswert auch der Merlot und die Cuvée Caludris. Zu essen gibt es echte friulanische Hausmannskost wie Frittata, Frico, Orzotto, Schweinskoteletts, Salsiccia, Spezzatino (Ragout aus wechselnden Fleischsorten) und Gemüse aus eigenem Anbau. In der wärmeren Jahreszeit ist der Innenhof mit den mächtigen Holztischen auch ein Grund, in wenigen Minuten aus Udine hierherzukommen.

7 La Fattoria

Nur eine Viertelstunde von Udine entfernt spielt der Bauernhof der Familie Listuzzi alle Stücke in Sachen Direktverkauf. Die Fattoria ist auch Lehrbauernhof für Gruppen und Schulklassen. Seit Jahren schon ist alles auf Nachhaltigkeit ausgelegt.
Im ansprechenden Laden die unglaubliche Auswahl: Verschiedene Sorten Käse von der eigenen Frischmilch vom Fleckvieh. Außerdem frisches Obst und Gemüse, teils aus eigenem Anbau, teils von Partnerbetrieben aus der Gegend. Weiters Eingelegtes, Trockenwurstwaren, Bier, Wein und sogar Eis – aus eigener Erzeugung.
La Fattoria ist auch eine Trattoria, in der mit den erwähnten Zutaten friulanisch gekocht wird. Einnehmend ist nicht nur die Vielseitigkeit der Familie, sondern auch die neueste Kreation der jungen Generation: Fattoreffe, ein sprudelnder Aperitif aus Moscato Rosa, Franconia und Verduzzo. Er kommt trotz angenehmer Süße ohne Zucker aus (im Gegensatz zu den beliebten orangeroten Spritzern). Serviert mit Orangenscheibe und Eis ein erfrischendes Erlebnis.

5 **Latteria Borgo Centro**
Via Angelo Tonutti 26
33034 Fagagna
www.latteriaborgocentro.it

Latteria Borgo Paludo
Via San Daniele 4
33034 Fagagna
www.latteriaborgopaludo.it
Geöffnet auch Sonntagvormittags!

6 **Agriturismo „Frascje dai Spadons“**
Via Divisione Julia 12
33040 Pradamano
www.masarotti.com
Die Osteria ist etwa von November bis Juni geöffnet, im Hochsommer und Herbst ist Pause.

7 **La Fattoria Azienda Agricola e Agriturismo**
Via Lovaria 48/c
33050 Pavia di Udine

Gemütlichkeit ist in den Osterien oberstes Gebot. Und guter Wein.

8 Villa di Tissano

Sicher einer der ungewöhnlichsten Orte für ein unkompliziertes Glas Wein. Ein Adelssitz aus dem 16. Jahrhundert mit herrschaftlicher Villa und zauberhaftem Garten. Im Gebäude befinden sich ein Hotel und eine Osteria, in der sich ab dem späten Nachmittag Einheimische treffen. Duchaus in Montur und Sicherheitsschuhen, um am Tresen einen *tajut*, ein Gläschen Wein, zu nehmen. Im Hauptraum kann man umgeben von Wandregalen voller Weinflaschen gemütlich sitzen und sich in der kälteren Jahreszeit vom Ofen wärmen lassen. Und die großzügig gereichten Stuzzichini zum friulanischen Wein genießen: etwa hausgemachte Topinambur-Chips, flauschiges Weißbrot mit feinst geschnittenem Prosciutto crudo – oder zwischendurch Schälchen mit Kostproben vom Abendmenü: Hotelgäste (wie auch die „Laufkundschaft") können sich nämlich in der angrenzenden *sala,* dem Speisesaal, ein feines Mahl gönnen.

9 Borgo Claudius

Schon die Lage in einem der schönsten Orte Italiens („Borghi più belli d'Italia") ist bezaubernd. Clauiano besteht aus blumengeschmückten mittelalterlichen Steinhäusern, einige Seitenstraßen tragen noch glänzendes Kopfsteinpflaster. Mitten im Örtchen, gut verborgen (man beachte das Schild auf dem Haus), befindet sich dieses Weingut – und im Innenhof einer der gemütlichsten Gastgärten weit und breit. Der sympathische, familiengeführte Agriturismo produziert sehr guten Wein zum sehr fairen Preis. Mich zieht es immer zum wunderbaren trockenen Rosé Spumante. Gerne in Verbindung mit einer duftenden Tartina, also Weißbrot mit Mortadella, Salami, Schinken etc. Dazu gibt es die ortsübliche Geselligkeit – es ist immer etwas los!

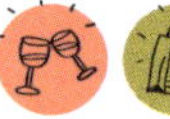

Ein Ort der friulanischen Gastlichkeit, wie ihn auch die Einheimischen lieben.

10 Foffani

Ein integraler Bestandteil Clauianos ist das landwirtschaftliche Gut von Giovanni Foffani und Elisabetta Missoni Foffani: Es stammt aus dem 16. Jahrhundert und ist ein gastliches Anwesen. Es wird Besuchern gerne geöffnet, etwa anlässlich der *Cantine Aperte* (Tage der offenen Weinkellertüren) oder *Castelli Aperti* (Tage der offenen Schlosstore). Auch künstlerische Veranstaltungen zu Musik, Film oder Literatur finden hier Heimat. Besonders sehenswert ist der prachtvolle Park hinter dem Haupthaus mit historischen Rosen, modernen Kunstwerken und romantischem Flair. Der Weinbau wird mit Liebe und Respekt vor der Natur seit dem 18. Jahrhundert betrieben. Es gibt internationale und autochthone Rebsorten, aber auch Ungewöhnliches wie weiß ausgebauten Merlot oder Rosenmuskat mit Restzucker.

   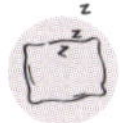

8 **Villa Tissano**
Piazza Caimo 4
33050 Tissano (Santa Maria La Longa)
www.villatissano.com

9 **Borgo Claudius**
Borgo San Martino 15
33050 Clauiano
www.borgoclaudius.it

10 **Azienda Vinicola Foffani**
Piazza Giulia 13
33050 Clauiano
www.foffani.it

Die Villa di Tissano, ein alter herrschaftlicher Sitz, birgt ein Hotel, aber auch eine „volksnahe" Osteria.

Camminare

Bastionenpark Palmanova

Udine / Tarvisio

Porta Udine

Porta Civid

Porta Aquileia

Autobahn

Ausgangspunkt

Palmanova, Parco dei Bastioni
Zugang bei jedem der drei Stadttore

Distanz

4–6 km, je nach Route
Überblickstafeln bei den Stadttoren

Einkehren

In der vielfältigen Gastronomie auf der Piazza Grande.
Außerdem: Il Melograno, Contrada Villachiara 34, 33057 Palmanova. Pizzeria, Ristorante, Shop. Außergewöhnliche Pizza-Kreationen mit hochwertigen, regionalen Zutaten. Auch vegan, vegetarisch und glutenfrei

Der historische Bewässerungskanal Roggia di Udine füllt den Wassergraben vor den Toren Palmanovas.

10

Cividale / Manzano

Die „Sternstadt" Palmanova wird so genannt, weil ihr Grundriss einem Neunzack gleicht. Sie liegt direkt am Radweg Ciclovia Alpe Adria, der von Salzburg bis ans Meer führt. 20 Kilometer von Udine, 25 Kilometer von Grado entfernt, lässt sich hier perfekt Pause einlegen.

Palmanova ist UNESCO-Welterbe und Mitglied der „Borghi più belli d'Italia", der schönsten Orte Italiens. Das Zentrum besteht in erster Linie aus der beeindruckenden Piazza Grande. Abgesehen von der vielfältigen Gastronomie auf dem Platz gibt es montags den Wochenmarkt, da geht es lebhaft zu!

Immer präsent ist auch die militärhistorische Bedeutung. Die Venezianer und später Napoleon hatten die Lage für strategisch interessant befunden und zum Schutz der Stadt drei Befestigungswälle (*anelli*) errichtet. Dazu noch neun Bastionen, das sind die „Sternspitzen". Zu sehen ist diese Geometrie am besten vor den Toren Palmanovas: Der ringförmige Grüngürtel Parco dei Bastioni ist heutzutage für Freizeitzwecke von Bedeutung und zum Spazierengehen, Laufen, Radfahren und sogar Reiten beliebt. Es gibt drei verschiedene Rundwege. Sie unterscheiden sich in Länge und Wegbeschaffenheit. Wer auf dem kleinsten Ring, dem *anello basso*, einmal zu Fuß die Stadt umkreist, braucht dafür je nach Gehtempo 50 bis 60 Minuten.

Besonders reizvoll ist der weitläufige Bastionenpark mitsamt seinem Wassergraben im Frühjahr, wenn alles zu sprießen beginnt – naturgemäß einige Wochen bevor weiter nördlich die ersten Knospen austreiben. Durchschnittlich hat es in diesem „nahen Süden" fünf oder sechs Grad mehr als beispielsweise im angrenzenden Kärnten. Schon ab Februar bietet sich eine farbenfrohe Augenweide.

Die aus botanischer Sicht italienweit einzigartigen „mageren Flachland-Mähwiesen" (*prati stabili*) werden nur ein Mal im Jahr gemäht und weisen eine sensationelle Pflanzenvielfalt auf. Von Mädesüß über Gelben Lein, Baldrian, Wolfsmilchgewächse, Sumpfschwertlilien bis hin zu mehreren Orchideenarten u. v. m. Neben verschiedensten Wasservögeln wie Reihern, Blesshühnern oder Möwen fühlen sich Sumpfschildkröten, Nutrias und Frösche ebenfalls zu Hause.

Und nun? Eine kleine Stärkung gefällig? Auch dafür stehen die Sterne immer günstig in Palmanova und Umgebung. Denn eines haben wir schon gelernt: In Friaul-Julisch Venetien führen alle Himmelsrichtungen zum Genuss!

1 Macelleria da Edoardo

Edoardo ist Fleischer mit Leib und Seele. Die Qualität seiner Produkte steht bei ihm an erster Stelle, das Angebot variiert stets ein wenig. Es gibt hausgemachte Salsicce (auch die dünnen), manchmal aus Kaninchenfleisch, herrliche Tomahawk- oder Fiorentina-Steaks und Kalbskoteletts, frische Hamburger-Pattys aus Chianina-, Angus- oder Bisonfleisch, appetitliches Geflügel. Für die schnelle Küche daheim: Frisch gebratene Porchetta, hausgemachte Lasagne oder Trippe (Kutteln) sind nur mehr zu erwärmen. Einige andere Leckereien wie besondere Käse oder Pasta, Reis und Grissini gibt es außerdem.

2 Il Gallo Rosso

Der Feinkostladen, gleich an der Piazza Grande, ist schon von außen eine Verlockung. Man erblickt prall gefüllte Vitrinen mit sorgfältig eingeschlichteten Käselaiben, Schinkenstücken, aneinandergereihten Würsten mit hauseigenem Label. Salami, Soppressa oder Coppa werden im Collio eigens für Gallo Rosso produziert. Gute Weinauswahl, hausgemachte Speisen (zum Mitnehmen, wie in einer Rosticceria üblich). Als kulinarische Mitbringsel bieten sich Schokoladen, Kekse und Gubana an.

Der Bastionenpark rund um die „Sternstadt" Palmanova ist ein beliebtes Freizeitziel.

3 Mulino delle Tolle

Die Casa Bianca, direkt an der Straße nach Grado, beeindruckt schon von Weitem mit ihrem stattlichen Auftritt und bietet die Möglichkeit zur Übernachtung. Im Gebäude dahinter befindet sich der dazugehörige Agriturismo-Betrieb, der eine Vielzahl unterschiedlicher Weine produziert. Zum Beispiel: Malvasia, Friulano, Traminer, Cabernet Franc, Merlot. Und sogar sulfitfreien Chardonnay! Den Gastgarten finde ich besonders schön und gemütlich, aber auch drinnen lässt es sich unkompliziert genießen, typisch friulanisch eben. An der Theke bei einem *tajut*, dem einfachen Glas Wein, oder an den heimeligen Holztischen sitzend, vielleicht mit einer Tartina. Es gibt auch warme Küche im Speiseraum daneben und im ersten Stock. Ein Einkaufstipp: Die vielköpfige Familie produziert eigenen Rotweinessig.

Wein und Geselligkeit, wie bei Mulino delle Tolle, stehen in Friaul-Julisch Venetien ganz oben auf der To-do-Liste.

An allen drei Stadttoren Palmanovas befinden sich Schautafeln zu den Wegvarianten des Bastionenparks.

Degustare!

1 **Macelleria da Edoardo**
Borgo Udine 5
33057 Palmanova

2 **Il Gallo Rosso**
Borgo Aquileia 2/b
33057 Palmanova
www.ilgallorosso.eu

3 **Mulino delle Tolle**
Via Julia 1
33050 Bagnaria Arsa
www.mulinodelletolle.it

4 Quadrifoglio

Die vier Damen des Hauses sind eine Wucht: Allen voran Raffaella, Powerfrau und übersprudelnde Gastgeberin. Sie zeigt gemeinsam mit Mutter und Schwestern, wie Gästeorientiertheit geht. Die regionalen Zutaten nennt sie mitsamt Quelle beim Namen, denn nur solche kommen in die schmackhaften Friaul-Gerichte. Lebhaft erzählt sie die vielfältige Speisekarte – gerne auch noch ein zweites und ein drittes Mal. Jetzt müssen wir uns nur noch entscheiden, und das ist schwierig genug! Es locken wunderbare Taglieri, liebevoll angerichtete Vorspeisenplatten. Brot, Pasta und Gnocchi – alles hausgemacht. Viel saisonales Gemüse, Wild oder Kaninchen. Wer noch kann, sollte sich am Tiramisù oder an den Ricotta-Crespelle delektieren. Im Sommer genießen wir den schönen Garten hinter dem Haus – Raffaellas ganzer Stolz.

5 Da Gjgjote

Wenn Signora Benita aufkocht, schmelzen auch die Herzen der härtesten Männer dahin. Betont höflich wird nach dem Wohlbefinden der Dame des Hauses gefragt. Und ob sie nicht wieder einmal die zarten Trippe machen könnte? Seit 60 Jahren steht sie in der Küche und kocht mit Freude (das Wichtigste, wie sie betont), was ihr gerade passt. Hühnerschenkel aus dem Ofen, Brovada mit Cotechino, Gulasch. Das Highlight der gediegenen Osteria (auch auf ein gepflegtes Glas Wein kann man herkommen), die aber eher ein Restaurant ist, sind die köstlichen Fiorentine und Costate, etwa aus dem Piemont, 60 Tage gereift. Dazu gibt es Benitas berühmte Kartoffelwürfelchen. Vorher vielleicht etwas zarten Prosciutto. Die Weinempfehlungen des Enkels, einem jungen Vollprofi im Service, sitzen perfekt. Zum Abschluss ein kleines Sorbetto? Benita zieht sich zur Siesta zurück. „Bis zum nächsten Mal!“, sagt sie. Wie um die Zukunft heraufzubeschwören.

Dieses vierblättrige Kleeblatt – Quadrifoglio – bringt in kulinarischer Hinsicht Glück.

Da Gjgjote steht für kraftvolle Steaks und ausgezeichnete Weine.

6 Frasca Fraccaroli

Im spätmittelalterlichen Dörfchen Paradiso betreibt Familie Fraccaroli auf drei Feldern den einzigen Reisanbau Friaul-Julisch Venetiens. Den Reis der Sorte Vialone Nano (auch als Vollwertreis), ideal für Risotto und Antipasti, gibt es in der Frasca, der Buschenschank, zu kaufen. Dazu Olivenöl, Reisbier und Wein aus eigener Herstellung! Sogar Valpolicella und Amarone finden sich in der Verkaufsecke, weil die Fraccarolis auch in der Nachbarregion Venetien Wein anbauen. Besonders unterhaltsam: In originalem Ambiente, an massiven Holztischen sitzend, inmitten der Einheimischen ein Glas Wein zu heben.

4 **Trattoria il Quadrifoglio**
Via Gorizia 3
33050 Bagnaria Arsa

5 **Ostarie La Da Gjgjote**
Via Roma 75
33050 Gonars

6 **Domenico Fraccaroli dal 1958**
Via S. Ermacora 16
33050 Paradiso di Pocenia
www.domenicofraccaroli.com

Bei Fraccaroli geht es gemütlich zu – aber auch besonders gesellig, wenn die Einheimischen auf einen *tajut* kommen!

Speciale

Olivenöl
Das Lebenselixier

Wein und Oliven gehörten immer schon zusammen. In Friaul-Julisch Venetien weist das Olivenöl besonders hochwertige Eigenschaften auf.

11 **Die Kultur des Olivenöls verbreitete sich von Rom aus nach Norden und es wurde wertvolles Handelsgut.** So manch friulanische Ortsbezeichnung wie Oleis und Ronco degli Ulivi sagt uns, dass der Olivenanbau hier gegenwärtig war. Im 18. Jahrhundert wurde er rund um Gorizia besonders gefördert: Es war die Zeit der Habsburger-Herrschaft, in der die Stadt als „österreichisches Nizza" galt. Im k. u. k. Reich legte man großen Wert darauf, mediterrane Lebensmittel in der mitteleuropäischen Landwirtschaft einzuführen. Schlimme Kälteperioden, die Weltkriege und der verstärkte Weinanbau führten allerdings dazu, dass die Olivenkulturen in Friaul-Julisch Venetien verschwanden.

Seit den 1990er-Jahren gibt es eine Renaissance des bedeutenden Erbes. So gedeihen die Olivenbäume nicht mehr nur für den Eigenbedarf der Winzer (denn Wein und Oliven gehörten immer schon zusammen), sondern es gibt wieder einige kleine Produzenten, die auf circa 350 Hektar mit traditionellen Produktionsmethoden Olivenöl herstellen. Hauptanbaugebiete sind der Triestiner Karst, das Görzer Hügelland, die Colli Orientali rund um Cividale, Buttrio und Rosazzo sowie im Westen etwa San Daniele oder Aviano.

Die besonderen Qualitäten des Olivenöls generell sind bekanntlich sein Gehalt an Vitaminen und Antioxidantien. Olivenöl, das so weit nördlich entsteht, gilt als besonders fein und komplex in seinen organoleptischen Eigenschaften (Aussehen, Farbe, Geruch, Geschmack). Außerdem weist es einen höheren Anteil der wichtigen ungesättigten Fettsäuren auf als Öle aus südlicheren Gebieten. Somit ist die Region ein idealer Boden für Olivenbäume, wobei natürlich Kälteeinbrüche immer ein Risiko darstellen.

Das friulanische Olivenöl zeichnet sich durch seinen leicht bitteren und scharfen Geschmack aus. Es reichen schon ein paar Tropfen, um Fleisch, Fisch oder Gemüse den ultimativen Geschmackskick zu geben.

Olivenöl ist aber nicht gleich Olivenöl. Die Olivensorte macht den Unterschied, ebenso die Mischung aus den verschiedenen Sorten, die dann Blend genannt wird. Olivenöl wird am besten pur verkostet, aus einem kleinen Glas, das man in der Handfläche leicht erwärmt. Wenn Sie Gelegenheit haben, verschiedene Öle zu probieren, etwa auf Ausstellungen oder Messen, sollten Sie diese nutzen. Neue Geschmackserlebnisse tun sich auf!

Intenso!

Frantoio Rino Lizzi

In Ragogna, am Fuß der Julischen Voralpen, im sogenannten Moränen-Amphitheater des Tagliamento, begann Rino Lizzi in den 1990er-Jahren Olivenbäume zu kultivieren – nachdem er in Pension gegangen war. Zuerst nur aus Liebe zum guten Olivenöl, später errichtete er seine eigene Mühle mit Kaltpressanlage.
Anfangs hatte er 18 Olivensorten im Programm, heute sind es aufgrund des rauen Klimas ein paar weniger. So gedeihen bei ihm etwa Bianchera, Frantoio, Grignano, Leccino, Maurino oder Pendolino.
Bei der Pressung werden hier die Kerne nicht entfernt, weil auch das letzte Bisschen Fruchtfleisch, das am Kern hängt, wichtig ist, wie Rino betont. Selbst die Kerne enthalten noch Öl und Substanzen, die das Olivenöl komplexer machen. „So haben es schon die Alten gemacht", weiß er.
Das nur leicht filtrierte Öl ist intensiv grün, voll und strukturiert, reich an Polyphenolen. Es hat ein fruchtiges Aroma, im Abgang ist es bitter und leicht scharf.

Frantoio Rino Lizzi
Via Pellegrino da San Daniele 3
Frazione Pignano
33030 Ragogna
www.frantoiorinolizzi.it

Olio dei Dogi

Direkt am Hof gepresst ergeben die biologisch angebauten Oliven der Sorten Bianchera, Gorgazzo, Grignano, Leccino, Maurino, Pendolino, Coratina und Moraiolo das edle Olio dei Dogi. Der Name erinnert an die „Serenissima", als die Dogen ihre Lebensmittelvorräte bevorzugt aus dem Gebiet von Caneva, der westlichen Vorgebirgszone der Friulanischen Dolomiten, kommen ließen.
1989 begann der Quereinsteiger Bruno Casagrande, eigentlich Industrieller, sich seinen Traum des Wein- und Olivenanbaus zu verwirklichen. Heute produziert er auf 14 Hektar sein exquisites Extra Vergine. Die fachkundige Beschreibung lautet so: leichte bis mittlere Fruchtigkeit, Gemüse- und Mandelnoten, Harmonie aus bitter, süß und scharf. Ich empfehle: Einfach probieren und genießen!

Olio dei Dogi
Via Pasubio 19
33070 Caneva
www.oliodeidogi.it

Corte Tomasin

Die Olivenbäume der Familie Tomasin haben auch schon gute 25 Jahre auf dem Stamm und gedeihen in der Ebene Friauls. Die Adria ist nicht weit weg und mehrere Süßwasserquellen sorgen für gute Anbaubedingungen. Hier gibt es eine Vielzahl an Sorten *(cultivar)*, darunter Bianchera, auch Pendolino, Frantoio, Picholine, Carbona u. v. m. Daraus werden verschiedene Öle hergestellt, manche fruchtiger, manche etwas pikanter, ganz nach Verwendungswunsch.

Azienda Agricola Corte Tomasin
Vicolo Levada 7
33050 Castions di Strada
www.olioextraverginefvg.it

Olio Ducale

Das Klima von Cividale, wo die Nordwinde aus den Natisone-Tälern ganz schön pfeifen können und auch die Regenmengen höher sind, ähnelt jenem des toskanischen Hinterlands, sagt man. Und so kultiviert Familie Martincigh auf 15 Hektar die autochthone Bianchera-Olivensorte, in kleineren Mengen auch Frantoio, Leccino und Maurino. Daraus macht man am Hof einerseits reinsortiges Olivenöl, fruchtig-kräuterig und typisch bitter-scharf im Abgang, ideal für „robuste" Speisen. Andererseits ein Blend, also eine universellere, gut abgestimmte Mischung aus mehreren Olivensorten.

Azienda Agricola Olio Ducale
Via Bottenicco 12
33043 Cividale del Friuli
www.olioducale.it

Im Mai, Juni blühen hierzulande die Olivenbäume. Geerntet wird im Spätherbst.

Gut durchlüftet und in begünstigter Ausrichtung über Triest gedeihen die Olivenkulturen der Familie Sancin.

Parovel

Auf den fruchtbaren und sonnigen Karstböden gedeihen nicht nur die autochthonen Rebsorten von Parovel, sondern auch ebensolche Oliven: Bianchera – oder Belica (im Slowenischen).
Seit 1996 arbeitet man im Familienbetrieb mit eigener Presse. Die Olivenölgewinnung erfolgt in einem geschlossenen Produktionsablauf *(ciclo continuo)*, in dem alle Arbeitsschritte ohne Unterbrechung durchgeführt werden. Die hochwertigen Öle, zum Beispiel das UL'KA Tergeste Dop, werden regelmäßig prämiert, etwa von Slow Food oder Gambero Rosso.

Frantoio Oleario Parovel
Zona Artigianale Dolina 546
34018 San Dorligo della Valle
www.parovel.com

Sancin

Beim Opa war es ganz normal: Es gab Wein und Oliven. Heute ist das nicht so normal und schon gar nicht in dieser Qualität. Zu den Pionieren des exzellenten Olivenöls – wie auch des Weins – gehört Vitjan Sancin. Schon 1988 füllte er sein Čelo (später das berühmte Lemončelo sowie das Orange-Čelo) in Flaschen ab. Die Juniorchefs Devan und Alen tüfteln, wie ihr Vater, immer an Innovationen. Am Fuße des Val Rosandra, an der Grenze zwischen Karst und Istrien, wachsen ihre fünf Olivensorten üppig und gesund heran. Und so manches der köstlichen Öle möchte man sich beinah hinter die Ohrläppchen tupfen. So edel kommen sie in ihren Flakons daher.

Azienda Agricola Sancin
Monte d'Oro / Mont 173
34018 San Dorligo della Valle / Dolina
www.sancin.com

Olivenölmesse

Ein Festspiel für Genussmenschen ist die Olivenölmesse Olio Capitale. Die Publikumsveranstaltung mit Verkauf findet jährlich in Triest statt und versammelt Hunderte von Olivenölproduzenten aus Italien und anderen Ländern unter einem Dach. Mein Tipp: Zuerst an der Oil Bar mithilfe der professionellen Olivenölsommeliers verkosten und sich so einen Überblick verschaffen. Bei den Herstellern kann man sich dann weiter in die Objekte des Genusses vertiefen, plaudern und auch andere großartige Produkte wie eingelegte Oliven, Pestos, Seifen etc. kaufen.

Porto Vecchio di Trieste
Centro Espositivo T.T.C.
Magazzini 27/28/28 bis
34100 Trieste
www.oliocapitale.it

Auf der Olivenölmesse gibt es nicht nur hochwertige friulanische, sondern Olivenöle aus ganz Italien und auch anderen wichtigen Anbauländern.

Ein Dreamteam immer auf Achse

→ Die friulanisch-steirische Verbindung im Herzen des Collio

Azienda Agricola Zorzon

Via Sottomonte 75
Brazzano
34071 Cormòns
www.zorzon.it

Das Kirchlein San Lorenzo, gleich hinter dem Weingut, behütet – wie es scheint – die Reben von Vini Zorzon.

12 **Als Luigi Zorzon 1898 in Brazzano geboren wurde, bestand der Ort aus einigen typischen Steinhäusern, zwei Kirchen, einer Piazzetta und ausgedehnten Wiesen und Feldern.** Und – in höchstem Maße wertschätzend gemeint – heute sieht Brazzano nicht viel anders aus. Natürlich, es gibt keine kleinen Läden und Handwerker mehr. Dafür gibt es ein feines Restaurant und eine stattliche Anzahl namhafter Winzer. Und Brazzano gehört seit einem Jahrhundert zur Gemeinde Cormòns. Aber sonst …

Wer sich durch das Umland schlängelt und auf der Suche nach der Azienda Zorzon den Ort durchquert, findet sich auf schmalen Straßen wieder. Bald darauf, entweder mit genügend Orientierungssinn oder einem Navi ausgestattet, vor dem großen, einladenden Tor eines Weinguts, das im Lehrbuch für friulanische Agrarbauten stehen könnte: Ein stattliches, langgestrecktes Haupthaus, rechts davon, gleich anschließend, das Wirtschaftsgebäude, in dem heute Gästezimmer untergebracht sind. Darunter ist Platz für Weingartentraktor und Weinpresse. Auf der gegenüberliegenden Seite der Weinkeller. Unnötige Wege gibt es hier also keine.

Der junge Luigi Zorzon, Spross einer wohlhabenden Kaufmannsfamilie, wurde einst „in die weite Welt" geschickt: Um ihm eine angemessene Bildung zu ermöglichen, durfte er das Konvikt des Stifts St. Paul im Kärntner Lavanttal besuchen. Brazzano, so wie Cormòns, gehörte zur Gefürsteten Grafschaft Görz, die von 1500 bis 1918 Teil des Österreichischen Küstenlandes unter den Habsburgern war. Insgesamt ein multikultureller Landstrich – geprägt von verschiedenen Ethnien. Italienisch-, Slawisch- und Deutschsprachige lebten lange Zeit gut miteinander.

Ausgezeichnete Weine

Bei Vini Zorzon werden Besucher heutzutage von Petra Lind und Giorgio Deganis empfangen. Das Weingut, das Luigi Zorzon zu Beginn des 20. Jahrhunderts gegründet hatte, hat Giorgio direkt von ihm, seinem Großvater, übernommen – so wie die Liebe zum guten und ehrlichen Wein.

Diese Begeisterung schlug sich immer schon in zahlreichen Preisen nieder, die in Form von Urkunden die Wände der *cantina*, des gemütlichen, traditionell eingerichteten Weinkellers schmücken. Stolz zeigt Giorgio her, was in circa 100 Jahren alles ausgezeichnet wurde: vom „besten Tocai" (1952) bis zum schönsten Exemplar Fleckvieh (*Pezzata Rossa*).

Seit 1988 ist Giorgio Chef des Weinguts. Die Freude am Tun teilt er mit seiner Ehefrau Petra, die mit ihrer weststeirischen Herkunft zusätzliche Weinaffinität mitgebracht hat. Sie war einst begeisterte Friaul-Besucherin – wie zahlreiche andere, die hierherkommen. Bis zu jenem Tag, an dem sie Signor Deganis traf. Man sagt den Friulanern ja nach, dass sie verschlossen, nicht so leicht zu begeistern seien. Hier waren die Fakten sicher anders. Petra wurde 2007 zur Auswanderin der Liebe wegen. Und aus den beiden ein Dreamteam.

Wein plus Zimmer ist Agriturismo

Seit Petras Einstieg hat sich viel getan bei Vini Zorzon, im Herzen des beliebten Weinbaugebiets Collio, an der italienisch-slowenischen Grenze. Neben ihrem früheren Job als Lektorin an einer Privatschule in Gorizia baute sie das Marketing des kleinen Familienbetriebs aus.

Zum acht Hektar umfassenden Weinanbau kam ein Agriturismo mit zwei Doppelzimmern und einem Apartment dazu. Die „Domus Rustica“ war früher einmal, noch zu Opa Luigis Zeiten, ein Stadel. Heute lockt die heimelige Unterkunft Weingenießer, Radfahrer und Adrialiebhaber an. Das Meer ist bei gutem Wetter in Sichtweite. Und riechen tun wir Alpenländler es sowieso.

Auf der Anhöhe hinter dem lang gestreckten Gebäude ragt malerisch ein Kirchlein empor: San Lorenzo. Und noch ein Stück weiter oben, auf dem Colle, ein zweites: San Giorgio. Rundum das dichte Grün der Weingärten, das aber nur uns Besucher zum Entspannen und Durchatmen einlädt. Denn für Giorgio wie für Petra gilt: Sie sind stets auf Achse, bewegen sich gerne. Er hinaus in „seine“ Natur, in den Weingarten, zum Laufen. Still sitzen macht ihn nervös. Sie am liebsten zu ihren Geschäftspartnern: Diese befinden sich nicht nur in halb Europa, sondern vor allem in den USA, in Japan und auch in Russland. Der persönliche Kontakt bei Veranstaltungen und auf Messen ist für Petra das Herzstück der Arbeit, die Nähe zu Händlern, Importeuren und Privatkunden ihr „Geheimrezept“. „Wir geben immer unser Bestes. Wir wollen das fortführen, was wir schon immer gut gekonnt haben – hohe Qualität, vernünftige Preise und persönliche Betreuung zu bieten.“

Das Weingut Zorzon steht für qualitätsvolle, vorwiegend autochthone Weine und hat eine enge Beziehung zu Österreich: Man spricht (auch) Deutsch

Kurze Pause gefällig?

Die Weine des friulanisch-steirischen Winzerpaares gelangen aber auch direkt ins Ausland: In der Nähe, etwa in der Steiermark oder in Kärnten, werden sie meist höchstpersönlich zugestellt.

Doch genauso gerne kommen die Kunden zu ihnen nach Brazzano. Dann gibt es eine Führung durch den Weinkeller, wer will, kann einen Blick in die Zimmer werfen. Es wird Brot aufgetischt, manchmal feiner Prosciutto aus der Umgebung. Die Frische der typisch ausgebauten Weine beflügelt. Die autochthonen Weine wie **Friulano** oder **Ribolla Gialla** und auch der kräuterige **Malvasia** rinnen kühl die Kehle hinunter. In Rot gibt es **Merlot** und **Cabernet Franc**. Wenn wir genau hinsehen, entdecken wir auch hier das Kirchlein San Lorenzo, nämlich auf den Etiketten der hübschen Collio-Weinflaschen. Und sogar auf den Korken – sobald diese entblößt danebenliegen.

Wer mag, unternimmt einen abschließenden Spaziergang in die Umgebung. Ich bleibe lieber noch im Garten sitzen, am Tisch unter den Kirschbäumen. Wo sich die Gastgeber nun doch einmal Zeit für eine kleine Pause nehmen – und dabei überlegen, wohin die Reise (ihrer Weine) als Nächstes gehen soll.

Ein Weingarten verlangt die maximale Aufmerksamkeit des Winzers – in jeder Vegetationsphase.

↑ →
Das Weingut Vini Zorzon als Paradebeispiel friulanischer Agrararchitektur. Winzer Giorgio Deganis kann stolz darauf sein. *Cin cin!*

↑
Der Weg nach Brazzano führt über malerische kleine Sträßchen, die auch zum Radfahren ideal sind.

1 Locanda Orologio

Ist man im Gönn-dir-was-Gutes-Modus unterwegs, sollte man in dieser einnehmenden Osteria einkehren. Die Steinwände und die stilvolle Dekoration verheißen sofort Gemütlichkeit, die Küche von Hausherr Marco Boccotti bietet in jedem Gang ein Stück Extraklasse. Die Namen der Gerichte, etwa Frico oder Tagliata, mögen vertraut sein, die Umsetzung ist innovativ, überraschend und in Topqualität. Die auf die Teller drapierten Speisen gleichen kleinen Kunstwerken, denen wir uns mit Bedacht und Freude nähern. Wer möchte, schöpft beim Degustationsmenü aus dem Vollen. Dazu gibt es das Beste aus der friulanischen Weinwelt. Und eine reiche Auswahl an Digestifs wie Grappa, Amaro oder Gin. In der warmen Jahreszeit lassen wir uns im einladenden Gastgarten hinter dem Haus verwöhnen.

Weinmachen bedingt eine starke Verwurzelung mit dem Boden – und in Friaul-Julisch Venetien noch ganz viel Handarbeit.

2 Maurizio Buzzinelli

Ein Fixstern am friulanischen Weinhimmel ist das Weingut von Maurizio Buzzinelli. Ich hatte noch die Freude, Papa Gigi kennenzulernen, der sich 2010 leider zu früh in besagten Himmel verabschieden musste. Maurizio ist ebenso begnadeter Weinbauer und führt seither mit stoischer Gelassenheit, aber auch tiefgehender Liebe zu Grund, Boden und Wein den Betrieb mit circa 30 Hektar Anbaufläche. Hervorheben möchte ich den Friulano, aber auch den Ribolla Gialla und den Merlot. Mein persönlicher Favorit ist Maurizios wunderbar „grasiger" Cabernet Franc – einer mit typischen Ecken und Kanten. Besonders begehrt, auch von mir, seine Spumanti: Brut Ribolla Gialla, Brut Cuvée Metodo Classico (aus Pinot Nero, 36 Monate auf der Hefe) und Rosé Extra Dry. Da zeigt sich gleich ein Funkeln in den Augen!

Raffinierte Küche an einem gediegenen Platz – im Orologio.

Degustare!

1 **Locanda Orologio**
Via XXIV Maggio 34
Brazzano
34071 Cormóns
www.locandaorologio.it

2 **Azienda Agricola Buzzinelli Maurizio**
Località Pradis 20
34071 Cormòns
www.buzzinelli.it

Angelo Butussi ist, wie seine drei Söhne, Winzer mit Leib und Seele.

3 Butussi

Bei Butussi haben die Männer das Sagen. Das kann man getrost akzeptieren, denn es kommt eindeutig Gutes dabei heraus! Die Palette der produzierten Weine ist stattlich wie die Herren der Schöpfung selbst. Vater Angelo Butussi erinnert an Sean Connery, seine Söhne Filippo, Matia und Tobia würden ebenfalls gute James Bonds abgeben. Ihre 25 Weine umfassen etwa Friulano, Ribolla Gialla, Pinot Grigio, Sauvignon Blanc, Refosco dal Peduncolo Rosso, mehrere Cuvées und Cru-Weine, die eine ganz spezielle Vinifizierung erleben. Besonders gemundet hat mir der Ribolla Gialla Spumante, in Charmat-Methode hergestellt. Alle Trauben, die hier auf 20 Hektar gedeihen, werden übrigens von Hand gelesen. Und das seit 1910. Wer noch Augen fürs Ambiente hat: Auffällig der schöne Terrazzo-Boden im neuen Kiosk, wo Verkauf und Verkostung stattfinden, und die alten Meilensteine davor. Ein Blick in die *cantina*, den Weinkeller, zeigt Besonderheiten wie Betonzisternen und dampfgebogene große Weinfässer auf der Empore. Als Mitbringsel für zu Hause gibt es auch hausgemachte Salami.

    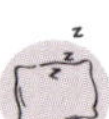

4 Fattoria Zoff

Wenn man hier in lupenreinem Deutsch begrüßt wird, ist man nicht falsch, sondern goldrichtig: Laura Zoff ist studierte Übersetzerin und Dolmetscherin und war international tätig. Seit 2000 ist sie so etwas wie die „Kuhflüsterin“: Damals hat sie gemeinsam mit Ehemann Fabio beschlossen, ihren Vater zu unterstützen. Die Käseproduktion war auf dem ehemaligen Milchbauernhof längst im Gange, erforderte aber noch mehr Einsatz. Heute ist der Familienbetrieb mit 70 Fleckviehkühen auf verschiedenste, immer wieder prämierte Bio-Käsesorten spezialisiert. Im eigenen Laden gibt es Pasta-Filata-Käse, also Mozzarella und Burrata, außerdem Stracchino, Ricotta, jungen und gereiften Latteria, Käse mit Kräuterrinde aus Kamille, Brennnessel, Thymian und noch mehr. Außerdem Joghurt und Eis. Besonders empfehlenswert ist es, eine Verkostung zu buchen, bei der auch Weine und auf Wunsch hauseigene Salumi gereicht werden.

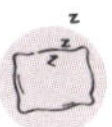

Laura Zoff liebt ihre Tiere – diese danken die Zuwendung mit hochqualitativer Milch.

**3 Valentino Butussi
Azienda Vitivinicola**
Via Pra di Corte 1
33040 Corno di Rosazzo
www.butussi.it
Verkostung, Verkauf

Villa Butussi
Via San Martino 29
33040 Corno di Rosazzo
Nächtigung und Gastronomie
Osteria del Pinot Grigio Ramato

**4 Fattoria Zoff Agriturismo
Borg da Ocjs**
Via Parini 18
34071 Cormòns
www.borgdaocjs.it

Verkostungen werden bei Zoff mit großer Sorgfalt gestaltet: Die Qualität der Käse ist beeindruckend.

Camminare

Cormòns, Subida — Castello di Spessa

Ausgangspunkt

34071 Cormòns, öffentlicher Parkplatz unterhalb des Reitzentrums „VM performance horse / maneggio La Subida", Via Subida 46 (45.962767614156164, 13.495313831814261)

Distanz

Rundweg: ca. 8 Kilometer

Gehzeit

ca. 2 Stunden 15 Minuten

Einkehren

Hosteria da Monia, Località Spessa 18, 34070 Capriva del Friuli bzw. Osteria La Preda della Subida, Via Subida 52, 34071 Cormòns

Vom Ortsteil Subida bei Cormòns lässt es sich herrlich durch die Weinhügel des Collio wandern.

13 **Cormòns kann nicht nur Weintrinken, sondern auch Weinwandern bedeuten.** Der Wein schmeckt nach einer inspirierenden Tour gleich noch besser – falls überhaupt möglich. Es gibt ab unserem Ausgangspunkt mehrere Varianten, meine Route führt durch die schönsten Weingärten des Collio – wegtechnisch einfach und landschaftlich lohnenswert.

Nach dem Parkplatz unterhalb des Reitzentrums folgen wir den roten Pfeilen des Wanderwegs „Vigne Alte“ Richtung Castello di Spessa. Dabei geht es anfangs etwas steil aufwärts, dann aber bald gemächlich auf Schotterstraßen und breiten Wegen dahin.

Im Sommer ist es im Wald angenehm schattig. An einer freien Stelle sieht man hinüber bis nach Medana in der Goriška Brda. Man durchquert einige Weingärten, bis sich der Blick auf die Weinhügel rund um das Castello di Spessa auftut.

Beim märchenhaften Schloss haben wir eine wahrlich feine Auswahl: Neben dem Shop und Bistrot, wo man die hauseigenen Weine und Destillate verkosten kann, gibt es wenige Meter weiter, in der Hosteria da Monia, ein gutes Glas Wein (und mehr). Außerdem einen schönen Ausblick auf den Golfplatz und das Schloss-Restaurant, die Tavernetta al Castello. Diesen wunderbaren Tempel der friulanischen Küche heben wir uns vielleicht für ein anderes Mal auf, wenn wir nicht gerade in Wanderschuhen unterwegs sind.

Der Rückweg kann nun auf demselben Weg erfolgen, das ist die kürzere Variante.

Wer wie ich einen Rundweg lieber mag, geht beim Schloss ein kurzes Stück auf der wenig befahrenen Via Spessa weiter. Und biegt bald links in die Via Russiz ein, um nach wenigen Gehminuten an das Lieferantentor der Villa Russiz zu gelangen. Von dort führt uns dann wieder links der *sentiero,* unser Wanderweg mit den roten Wegweisern, weiter: zunächst vorbei an einem Mausoleum, durch Wein- und Obstgärten hindurch, wieder zurück Richtung Pradis bzw. Subida. Immer begleitet von den herrlichsten Ausblicken auf die darunterliegende Landschaft des Collio.

Wer bis zum Schluss eisern geblieben ist und die genussvollen Eindrücke noch entspannt Revue passieren lassen will: Am Ausgangspunkt gibt es beste Gelegenheit dazu! In der Osteria La Preda della Subida erwartet uns fleißige Wandersleute eine stattliche Auswahl lokaler Weine. Und, falls es ein bisserl mehr sein darf, appetitliche Platten mit Affettati, Käse und so weiter. Schön auch zum Draußensitzen.

Die Wurzeln lassen nicht mehr los

→ Die Schlossherren Formentini und ihr mannigfaltiges Business

Castello Formentini

Via Castello 11
34070 San Floriano del Collio
www.castelloformentini.com

Das beeindruckende Anwesen der Formentinis umfasste einst das ganze Plateau von San Floriano.

Verbundenheit mit der Scholle. Hier, bei den Formentinis, wird dieser altmodische Begriff lebendig. Ihre Gastfreundschaft ist einnehmend, sie gilt allen, die das große schmiedeeiserne Tor vor dem Anwesen überwunden haben. Wobei das heute glücklicherweise kein Kunststück ist, sofern man sich an die Öffnungszeiten der Enoteca im Innenhof hält. Man kommt auf ein gutes Glas Wein, typisch friulanische Affettati oder speist im Restaurant, das stilecht und originalgetreu ausgestattet ist. Mit dem nach vier Seiten hin offenen Fogolâr strahlt es Gemütlichkeit und – in jeder Hinsicht – Wärme aus.

Conte Filippo Formentini ist Spross einer in ganz Mitteleuropa weitverzweigten Adelsfamilie, die Mutter stammte aus Schladming, der Vater war in Trento beheimatet. Seine Verwandten und Freunde heißen Habsburg, Sachsen-Coburg, Liechtenstein oder Batthyány, aber seine unmittelbaren Wurzeln liegen gleich in der Nähe, in Cividale. Man geht gar von langobardischen Vorfahren aus, zumal die ersten (dokumentierten) Familienmitglieder in der Krypta des dortigen Tempietto bestattet sind.

Heute ist das Castello auf dem höchsten Punkt des Weinbauorts San Floriano del Collio nur mehr ein Rest seiner selbst. Einst war es ein in sich geschlossener Weiler, ein *borgo*, doch der Erste Weltkrieg und die schlimmen Isonzo-Schlachten haben es durch Bombardements zerstört und in Folge deutlich reduziert. Aber die antiken Mauern des immer noch stattlichen Anwesens zeugen auch so von einem klassisch friulanischen Schloss aus dem 13. Jahrhundert. „In mir steckt viel Österreich!“, proklamiert der Conte, auch auf Deutsch. Bis 1918 war hier schließlich keine Spur von Italien, und so wohnen in der Brust der Formentinis, auch in jener der Söhne Maximilian, Alexander und Nesthäkchen Sebastian, „alte“ k. u. k. Seelen.

Jungunternehmer im alten Schloss

Seit 1520 sind die Formentinis im Castello di San Floriano angesiedelt und diese Tradition wird nicht so schnell abreißen: Die jungen Herren haben viel vor und fühlen sich der eigenen Geschichte respektvoll und freudig verpflichtet: Die Landwirtschaft mit Wein- und Obstanbau, das Forsthaus als Bed & Breakfast, das Restaurant und die Vinothek sind ihr täglich Brot. „Als Erbe hat man eine große Veranwortung. Ich schätze meine Wurzeln sehr, sie eröffnen mir einen anderen Blickwinkel. Ich will die Traditionen bewahren, aber auch weiterentwickeln!“, erklärt Alexander. Er ist ein moderner Mann der Praxis, schon mit 19 Jahren hat er den Agrarbetrieb übernommen, ein Jahr später die Zimmervermietung. Papa Filippo lässt ihn werken, weiß aber aus eigener Erfahrung: „Es sind nur die ersten Jahre als Unternehmer schwierig. Dann gewöhnt man sich daran.“ Nachsatz: „Das heißt nicht, dass es besser wird!“ Er lacht.

Ein Glas vom „bewegten“ **Ribolla Gialla** kommt auf den Tisch, allerdings nicht für die Gäste. Den Sturm trinken die Winzer zum Überprüfen, wie sich der junge Wein entwickelt. Für mich gibt es ein Glas „Tocai" – bei diesem Wort tut sich gleich wieder ein neues Universum mit zahlreichen Interpretationen auf: Die Familiengeschichte besagt, dass hier bereits 1632 mit dem Anbau des Tocai begonnen wurde. Schriftlich belegt. „Aurora Formentini hat damals drei-, vierhundert Reben nach Ungarn mitgenommen, als sie Ádám Batthyány heiratete!" Und dann das Drama der Neuzeit, als die Bezeichnung Tocai für Friaul-Julisch Venetien verloren ging. „Daran sind wir indirekt mit schuld", sagt Filippo. Und denkt wohl: Hätten wir die Reben nur nicht exportiert. Laut einem EU-Beschluss aus dem Jahr 2007 darf nämlich, nach jahrelangen Zwistigkeiten, nur mehr Ungarn den Namen „Tokajer" führen. Obwohl die zugrunde liegende Rebsorte selbst wieder „Furmint" heißt, abgeleitet von den Formentinis.

Sie sprechen vom 14. Jahrhundert, als wäre es gestern gewesen. Und leben dennoch ihre tagesaktuelle Geschichte fürs täglich Brot

Die Formentinis stehen jedenfalls in der Weinbaugeschichte in einer Reihe mit klingenden Familiennamen wie Frescobaldi oder Antinori – wenn auch die Weinpreise hier wesentlich volksverbundener sind.

Vor allem die autochthonen weißen Rebsorten wie Tocai (ich zitiere!) und **Malvasia** sind das Liebkind Filippos: „Es wird einen Grund haben, weswegen sie nach Hunderten Jahren immer noch da sind. Sie haben sich eben am besten behauptet. Und: Ich bin ein Traditionalist!"

Ziel UNESCO-Welterbe

Das Collio-Weinbaugebiet, in dem vier Sprachen gesprochen werden – Italienisch, Furlan (Friulanisch), Slowenisch und immer auch noch Deutsch –, will UNESCO-Welterbe werden. Die besondere Qualität, vor allem der Weißweine, die durchaus internationalen Standards gerecht werden, hat schließlich besondere Aufmerksamkeit verdient: Die Ausrichtung der Weinhänge nach Südosten, die tiefe Verwurzelung im Lehmboden, das Mikroklima mit Meereseinfluss – das alles lässt die Weine aber auch alkoholreich werden. Mit Leichtigkeit erreichen sie dabei 15 bis 16 Volumenprozent. Doch die Philosphie der Formentinis ist eine andere: Ihre Weine haben zum Großteil maximal 13 Prozent. „Damit man auch zwei Gläser trinken kann, ohne gleich einen Rausch zu bekommen!"

Berauscht ist man auch so, wenn man vom Schlosshügel hinunterschaut, über die bogenförmigen Rebzeilen, die im Herbst ein Farbspiel zwischen Grün, Gelb und Weinrot bieten, die vielen putzigen Erhebungen, auf denen häufig ein weißes Kirchlein thront. Nie weiß man, ob da nicht schon die Brda ist, also die slowenische Seite des Görzer Hügellandes.

Garage versus Geschichte

Und was denkt sich ein Conte im 21. Jahrhundert, wenn er über „sein" Land blickt? Die Verbundenheit mit dem eigenen Boden, die Verwurzelung in der eigenen Geschichte machen den Unterschied: „Wir leben eine geistige Offenheit, wir sind es gewohnt, im Alltag von langen Zeiträumen zu sprechen. Wenn wir von Vergangenem reden, ist das so normal, dass man glaubt, wir meinen gestern – und nicht das 14. oder 18. Jahrhundert. Bezos oder Zuckerberg sind sicher Genies, aber bei alten Familien ist die Mehrheit nach Hunderten Jahren immer noch im Besitz ihrer Güter. Es steckt vielleicht in unserer DNA zu kämpfen, das Land zu beschützen, mit Zähnen und Klauen das Eigene zu verteidigen. Die Wurzeln gehen dann so tief, dass sie nicht mehr loslassen. Bill Gates hat in der Garage angefangen, unsere Familie hat 800 Jahre Geschichte! Die kann man sich nicht kaufen." Die Lektion sitzt.

Und so lustwandeln wir durch den weitläufigen Garten, ich würde am liebsten auf die Schaukel klettern, die aber schief vom Baum hängt. Ein leerer Pool wartet im hinteren Bereich auf den nächsten Sommer – und die Festgäste. Ein Märchenambiente, das offen für alle ist, die ein solches für einen besonderen Anlass wünschen: Das Castello Formentini gehört zur allerersten Riege der Hochzeitslocations in Friaul-Julisch Venetien. Stolz blickt man auf 3.400 durchgeführte Hochzeiten in den vergangenen 60 Jahren zurück. Auch das spricht für die Beständigkeit des Hauses Formentini. Brautpaare und ihre Gesellschaften kommen auch aus dem Ausland angereist, aus Österreich, Deutschland und sogar Großbritannien!

Papa Filippo freut sich, mehr und mehr das Zepter zu übergeben, die Söhne arbeiten schließlich an der bestmöglichen Fortsetzung der kurzweiligen langen Geschichte. Er nimmt es mit Stolz zur Kenntnis. „Und ich? Setze mich mit meiner Frau Maria Vittoria auf die Harley Davidson und genieße ein paar schöne Momente. Das ist das friulanische Schicksal!"

Das Castello Formentini ist nicht nur begehrtes Hochzeitssschloss, sondern auch Schauplatz für opulente Ritterfeste.

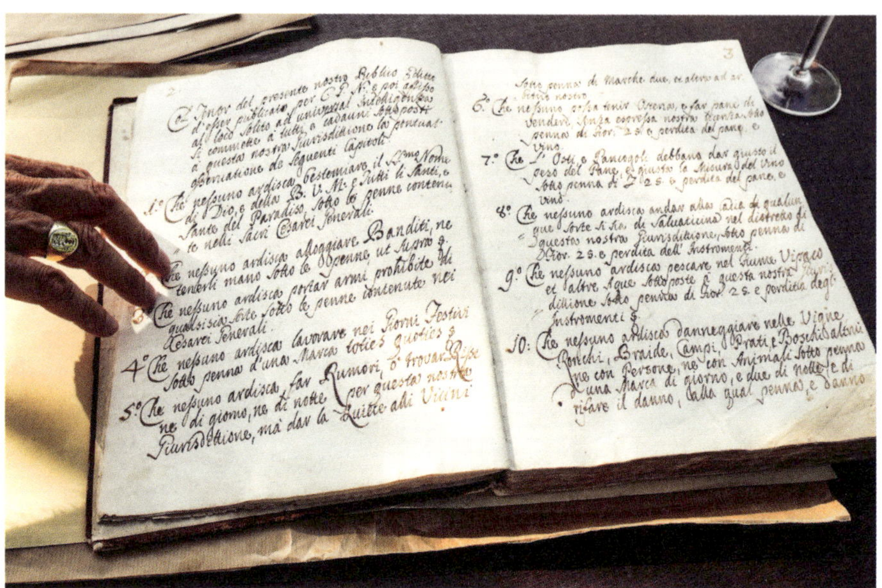

↑
Die Familiengeschichte der Formentinis ist stets präsent und wird von der jungen Generation mit Stolz weitergetragen.

←
Sohn Alexander und Vater Filippo Formentini sind ein eingespieltes Businessteam – auch im Interview mit mir.

1 Koršič

Einen Steinwurf von der Grenze zu Slowenien entfernt befindet sich dieses gastliche Haus, das kulinarische Überraschungen bereithält. Die Gerichte auf der Speisekarte klingen vertraut, beim genauen Hinschauen bemerken wir überall Raffinesse. Etwa beim Frico: Der Käse wird in einen hausgemachten Blätterteig „eingebacken“. Dazu Senfcreme und Apfelragout. Auf den hausgemachten Fusilli mit Entenragout schweben Radieschen- und Selleriehobel. Die Palačinka aus frisch vermahlenem Mehl ist mit nicht zu süßer (perfekt!), stückiger Marmelade gefüllt. Die Portionsgrößen sind so bemessen, dass man gut mehrere Gänge verträgt. Auf gemütlichen Holzbänken vor dem Haus oder im Garten genießen wir dazu die Ruhe der wunderschönen Weinhügel San Florianos.

2 Mercato Coperto di Campagna Amica

In einer Seitenstraße des Corso Italia befindet sich die Markthalle der bäuerlichen Betriebe aus der Umgebung. Stichwort: *kilometro zero*. Wert gelegt wird auf „gesunde, ressourcenschonend und handwerklich hergestellte“ Produkte. Einige Produzenten sind selbst vor Ort, entsprechend gut ist die Beratung. Hier bekommen wir regionale Köstlichkeiten von Fleisch über Milch und Käse bis hin zu Obst und Gemüse oder Wein und Bier aus Mikrobrauereien. Vieles davon in Bioqualität.

Degustare!

1 **Osteria-Gostilna Koršič**
Località Sovenza 7
34070 San Floriano del Collio
www.korsic.it

2 **Mercato Coperto di Campagna Amica**
Via IX Agosto 4/b
34170 Gorizia

Mein Tipp Weitere fixe Marktgeschäfte von Campagna Amica gibt es in Udine und Pordenone, Öffnungszeiten sind über Google abzurufen. Einzelne Marktstände finden sich an zahlreichen anderen Orten, etwa in Triest, Cormòns oder Cividale.

Bei Campagna Amica gibt es unter einem Dach viele hochwertige regionale Produkte direkt vom Produzenten.

Wo die Herzen höher schlagen

→ Zwei friulanische Institutionen in Sachen Kaffee

La San Marco S.p.A.

Via Padre e Figlio Venuti 10
34072 Gradisca d'Isonzo
www.lasanmarco.com

Der Besuch der sehenswerten Kaffeemaschinen-Ausstellung ist (am besten auf Anfrage) möglich. Bei Interesse an einer neuen Kaffeemaschine genügt eine Nachricht über die Website und man wird kontaktiert.

Torrefazione Goriziana

Via Terza Armata 91
34170 Gorizia
www.caffegoriziana.com

Der Kaffee, am häufigsten als Espresso getrunken, ist stets im Mittelpunkt der italienischen Ess- und Trinkkultur.

15 **Es ist keine Plattitüde, wenn wir Italienliebhaber landläufig behaupten, dass der Kaffee sofort nach Betreten italienischen Staatsgebiets um Hausecken besser schmeckt als auf „unserer“ Seite der Grenze.** Es ist einfach Tatsache. Natürlich, die Entwicklung auf dem Kaffeesektor in den vergangenen circa 20 Jahren hat auch in Österreich deutliche Spuren von Qualität hinterlassen. Dennoch ist im Durchschnitt der *caffè* in einer italienischen Bar im Preis-Leistungs-Verhältnis ungeschlagen.

Man betritt ein einschlägiges Lokal, stellt sich lässig an den Tresen und ordert, als „Ausländer“ meist etwas höflicher als es die Italiener selbst tun, einen Kaffee. Im italienischen Hausgebrauch ist es üblich, Kaffee mit Milch bis spätestens 11 Uhr vormittags zu genießen. Etwa einen Cappuccino. Der übergroße Latte macchiato, außerhalb des Belpaese kurioserweise meist als Caffè latte verkauft, wird selten und nur wirklich früh am Morgen getrunken, weil er gewissermaßen als Mahlzeit betrachtet wird. Und schon gar nicht findet er *nach* einer Mahlzeit Platz im Magen. Niemals!

Am häufigsten wird der Kaffee als Espresso getrunken. Manchmal, auch in Friaul-Julisch Venetien, „korrigiert“ mit etwas Grappa, als *caffè corretto*. Eine besonders liebenswerte Eigenheit hierzulande: der *resentin*. Das heißt, die soeben leergetrunkene, noch warme Kaffeetasse wird mit einem Schluck Grappa gefüllt und damit „ausgespült“. Einfach ausprobieren, das Aroma ist einmalig!

Triest als Hotspot der Kaffeekultur

Die heutige Regionshauptstadt Triest wurde unter der Habsburger-Herrschaft, und besonders unter Maria Theresia, schon ab Anfang des 18. Jahrhunderts zum wichtigsten Kaffeeimporthafen Mitteleuropas. Noch heute ist hier einer der bedeutendsten Kaffeehäfen Italiens. Ab dem 19. Jahrhundert entstand eine Vielzahl an Kaffeehäusern, die für uns teilweise immer noch Anlaufstelle bei Ausflügen in den nahen Süden sind. Der Zauber dieser antiken Stätten des Kaffees ist ungebrochen. Man denke an das Caffè degli Specchi, das Antico Caffè San Marco oder das Antico Caffè Torinese, alle im Centro Storico Triests angesiedelt.

Eine Weltmarke mit starken Wurzeln

Die Zubereitungsform des Kaffees als Espresso geht übrigens auf Anfang des 20. Jahrhunderts zurück. Das erste Patent für eine Espressomaschine wurde vom Mailänder Luigi Bezzera angemeldet. Es folgten berühmte Maschinen wie Pavoni, Cimbali, Faema, Gaggia, die es alle nach wie vor gibt.

Eine ebensolche Legende ist die heutige friulanische Weltmarke La San Marco. Sie wurde 1920 von den Brüdern Romanut in Udine begründet. 1983 übersiedelte das Unternehmen nach Gradisca d’Isonzo. La San Marco gehört mittlerweile zum italienischen Multi Massimo Zanetti Beverage Group, zu dem auch Segafredo gehört.

Dennoch ist man bodenständig und beschäftigt am Standort Gradisca einhundert Mitarbeiter: „Wir produzieren alle Komponenten im Haus selbst. Es gibt moderne Produktionsinseln wie bei Toyota, keine Fließbandarbeit", erzählt der Exportmanager von La San Marco, Marco Casasola. In der weitläufigen Fertigungshalle blitzen und glänzen Kupferkessel, Edelstahlgitter und zahllose Einzelteile, die mit modernster Technologie und hundertjährigem Know-how zu Kaffeemaschinen oder Kaffeemühlen sorgfältig zusammengebaut werden.

Das „Normale" genügt heute nicht mehr, die Ansprüche sind enorm hoch. Viele Baristas sind wahre Experten auf ihrem Gebiet – daher ist, laut Hersteller, neben ressourcenschonender Produktion die „absolute Qualität" das Maß aller Dinge.

Das Design der meist wuchtigen Maschinen, mit Stolz an mehreren Stellen im Haus ausgestellt, spricht auch eine deutliche Sprache: Entweder verspielt mit dem berühmten sogenannten Lever-System, also dem Handhebel, der besonders stylish „handgemachten" Espresso beschert. Natürlich mit der perfekten Crema! Oder kühl und glatt im Außen, innen vollelektronisch und sogar via App gesteuert. Und eigens für den amerikanischen Markt gibt es Maschinen mit Einstellmöglichkeit für XL-Tassen … Nicht zuletzt: Für den Haushalt hat man seit einigen Jahren Maschinen für allerlei Kapselsysteme im Sortiment: Einfach aufs Knöpfchen drücken, fertig. Und dann genießen.

Hier liegt der Ursprung des Lieblingsgetränks der Italiener: in der Welt der perfekten Maschinen, des vollkommenen Kaffees

Nur das Beste

Doch was kommt oben hinein, damit unten Gutes herauskommt? Analog zum Trend bei Craftbeer und Bioweinen können wir uns immer stärker auch für Qualität und Röstung der Kaffeebohnen erwärmen. Denn gerade diese Ausgangsfaktoren beeinflussen, logischerweise, das fertige Getränk. Der grüne Kaffee, die richtige Röstung für die gewünschte Methode (Siebträger, Moka, French Press, Filter etc.), Arabica- und Robustaanteil sind entscheidend für das spätere Geschmackserlebnis.

Ivo Filigi, Barista-Trainer und Qualitätsmanager der Kaffeerösterei Torrefazione Goriziana, serviert gleich zum Auftakt stolz sein sommerliches Lieblingsgetränk: einen eisgekühlten Cold Brew, den er in einer Prozedur von fünf bis sechs Stunden in Kaltextraktion zubereitet hat. Und zwar aus dem jüngst kreierten Blend der biologischen Specialty-Coffee-Serie. Also nix mit „un espresso, per favore". Hier geht es ins Detail! Es gibt eine Vielzahl an Blends und Lagenkaffees aus den besten Anbaugebieten der Welt, wie Mexiko und Tansania, dazu mehrere Sorten Kapselkaffee, teils in Bio- und Fairtrade-Qualität.

Die Goriziana mit ihrem Firmensitz in, erraten, Gorizia, hält gleich mehrere Marken, auch Go Caffè und S. Giusto Caffè sind Teil der Familie. Apropos: 1967 wurde das Unternehmen von den Vätern der heutigen Besitzer gegründet. Die Söhne, Antonio Crobe und Mitja Rogelja, führen das Erbe mit Freude und Hingabe fort.

Erst vor wenigen Jahren wurde der Firmensitz komplett modernisiert. Immerhin mehr als 2.000 Quadratmeter umfasst das Lager für den Rohkaffee, der aus Triest und Taranto angeliefert wird, und die mit hochmoderner Technologie ausgestattete Rösterei. Gleich daneben befindet sich das Bürogebäude mit dem Shop und dem Herzstück der Torrefazione: dem „Lab". In dem hell gehaltenen Barista-Schulungsraum gibt Ivo seine Kaffeekompetenz auch in Form von buchbaren Kursen zum Besten. Er ist in seinem Element, wenn er über Röstkurven, Crus und Tassengrößen fabuliert. Mein Herz schlägt allmählich höher und so nippe ich nur mehr an den weltmeisterlich zubereiteten kleinen Schwarzen.

Immer wieder spürt man an diesem Produktionsort, wie auch schon bei den Maschinenperfektionisten oben, den Spirit, der alle antreibt: Man will stets die bestmögliche Qualität liefern. Auch die Nachhaltigkeit ist bei den Gorizianern längst Standard. Der Respekt gegenüber Natur und Menschen ist gelebte Unternehmenskultur. Darauf trinken wir – ein Glas Wasser. Weil auch morgen noch ein Tag ist, freue ich mich auf eine Tasse äthiopischen Hochlandkaffees zu Hause. Sein Name klingt wie ein Modelabel und lässt Luxus erwarten: Guji.

←
In sagenhafte 40 Länder der Welt exportiert die Torrefazione Goriziana.

→
In 120 Ländern findet man die Meisterwerke mit dem eher schlichten Schriftzug „SM".

Jede Osmiza ein eigenes Universum

→ Die legendären Buschenschenken im Triestiner Karst

www.osmize.com

Alles über die Osmize, Öffnungszeiten, Lage mit Übersichtskarte

www.trieste.green

Informationen zu Winzern, Produkten, Aktivitäten (auf Italienisch, Deutsch, Slowenisch)

www.carsokraswineclub.it

Informationen zu den Winzern (auf Italienisch, Slowenisch)

In den Dörfern des Triestiner Karsts ist es beschaulich – außer, es hat gerade eine Osmiza geöffnet.

16 **Der Duft von weiß blühenden Jasminhecken breitet sich in der warmen Sommerluft aus.** Millionen Büschel von rosa- bis pinkfarbenen Perückensträuchern färben die Felsen in der Ferne und das Gestrüpp am Straßenrand. Im Herbst leuchtet alles tiefrot.

Im Hinterland der Triester Bucht, hin- und herpendelnd zwischen Italien und Slowenien, schlängeln sich die Sträßchen durch die Wälder und Dörfer des Karsts. Die geschichtsträchtigen Häuser sind aus grauem Kalkstein gebaut. Das kleine Territorium, dessen Ausdehnung unterschiedlich definiert wird, umfasst mehr ein Gefühl als ein klar abgestecktes Land. Grob gesagt reicht es circa vom Collio südwärts über die Küstenlinie bis nach Nordistrien.

Doch die Landschaft dieser einzigartigen Hochebene über dem Golf von Triest, etwa 40 Kilometer lang und 13 Kilometer breit, ist nicht nur lieblich. Sie ist auch karstig. Trockene Böden sind mit reichlich Gestein durchsetzt. Wasser ist rar und unterirdisch. Um das wenige fruchtbare Land zu schützen, macht man seit jeher aus der Not eine Tugend und türmt die Steinbrocken zu den typischen niedrigen Trockenmauern auf. Eine wahre Kunst als Antwort auf die Erosion, etwa durch die Bora, den böigen, kalten Fallwind aus Richtung Norden. Gleichzeitig dienen die Mäuerchen als Grundstücks- und Weidegrenze. Die Vegetation ist häufig dicht, eine Mischung aus wilder niedriger Macchia und hohem Baumbewuchs von Kastanien über Eichen bis hin zu Schwarzkiefern.

Zwischendurch eine Ecke, die einem wieder bekannt vorkommt: Ja, hier waren wir auch schon einmal. Umgekehrt sollte man nicht suchen, was man sich nicht wirklich gut gemerkt oder notiert hat. Es ist eher zum Scheitern verurteilt – ich spreche aus Erfahrung.

Karst mit Ausblick

Manchmal gibt das Grün den Blick aufs Meer frei. Wenn möglich, rechts ranfahren und stehen bleiben! Noch besser ist natürlich, sich die Blicke gemütlich zu erwandern, etwa auf der Strada Napoleonica zwischen Prosecco und Opicina (siehe Seite 110). Parkplätze gibt es an beiden Enden. Einen kleinen Rucksack und Wasser, viel mehr braucht man nicht für grandiose Gratis-Ausblicke auf die tiefblaue Adria.

Die Stille der Karstdörfchen kann jedenfalls täuschen. Man wähnt sich im Niemandsland, begegnet nur selten Menschen auf der Straße. Doch dann, plötzlich eine Ansammlung von parkenden Autos. (Von Triest gibt es übrigens auch Linienbusse hierher.) Ein untrügliches Zeichen, dass irgendwo eine Osmiza geöffnet hat. Wenn Sie dann noch einen roten Pfeil und einen Efeubuschen vor einem Haus entdecken, kann nicht mehr viel schiefgehen. Man lugt durch ein Tor, betritt einen Innenhof – und wird empfangen von ohrenbetäubendem Lärm: Das ist die überbordende Lebensfreude der Menschen, die aus Triest und Umgebung herbeischwärmen. Gruppen junger Studierender, SUV-Fahrer, Großfamilien, Pärchen.

Aber auch Einheimische, die im museumsreifen Fiat Panda auf ein Viertel, *un quartino*, kommen, um ein wenig Gesellschaft zu haben. Originale, die man in solcher Dichte sonst nirgends mehr trifft.

Und so stürzen wir uns beherzt ins „Abenteuer Osmiza"! Jede einzelne ist ein Universum für sich. Aber – was ist überhaupt die Osmiza? „Authentische Gaststätte" wäre vielleicht eine zeitgeistige Umschreibung. Ich sage: Echter und uriger geht's nimmer.

Fast Food, aber „slow"

Die Osmiza, in slowenischer Schreibweise Osmica, ist ein Relikt der österreichisch-ungarischen Monarchie. Kaiser Joseph II., Sohn der in Triest besonders verehrten Maria Theresia, erließ 1784 per Dekret, dass Bauern ihre Produkte an acht (Slowenisch *osem*) Tagen im Jahr vor Ort verkaufen dürfen.

Heute sind die Bestimmungen glücklicherweise großzügiger – so sind diese gastfreundlichen Orte mehrmals im Jahr geöffnet. Familiengeführt bieten sie, von zeitgemäß-renoviert bis hin zu rustikal-einfach, ein ähnliches kulinarisches Programm: *Uova sode*, hartgekochte Eier, sind traditionell das „Grundnahrungsmittel" und der Ursprung der Verpflegung in den Osmize. In einer Schüssel auf dem Tresen wartend, einfach zum Schälen und Abbeißen. Fast Food der ersten Stunde.

Es gibt Orte der bodenständigen Zusammenkunft, die sind einfach alles: Wein, Gastfreundschaft, Seelenheimat

Aber das ist natürlich nicht alles. An der Theke bestellt man, was auf oft handgeschriebenen Zetteln – den „Speisekarten" – steht. Etwa den luftgetrockneten **Karstschinken**, ein Prosciutto crudo, etwas dicker von Hand geschnitten. Außerdem **gekochten Schinken mit frisch geriebenem Kren, Salami, Ossocollo**. Eingelegtes **Sauergemüse** zur Auflockerung, verschiedenste grob geschnittene **Käsestücke**, manchmal mit Honig und Nüssen garniert. Alles wird fein säuberlich auf Platten geschlichtet. Gegessen wird jedenfalls ohne Besteck, die Köstlichkeiten pickt man einfach mit Zahnstochern auf. Und: Selten zuvor habe ich so frisches, flaumiges Weißbrot gegessen wie in den Osmize.

Die Süßspeisen tragen eine deutliche k. u. k. Handschrift, wie auch in Triest. **Strudel, Potizen oder „Linzer"** werden gehegt und gepflegt.

Enklave der Stumpengläser

Zu trinken gibt es, in unterschiedlicher Qualität – von rau bis preisgekrönt –, hauptsächlich die autochthonen Weine des Karsts: **Vitovska** und **Malvasia** in Weiß, **Terrano** und **Refosco** in Rot. Sie werden in Karaffen herbeigeschafft, getrunken wird gerne aus einfachen Stumpengläsern. Bestellt man Wasser, kann man sich aussuchen, ob man es aus der Flasche trinkt – oder abwechselnd mit dem Wein aus demselben Glas. Kleine Details, die ich jedes Mal mit Schmunzeln zur Kenntnis nehme. Der Unterhaltungswert rundum ist grenzenlos.

Sprachgrenzen existieren hier übrigens nicht, Italienisch und Slowenisch werden je nach Bedarf bunt gemischt. Familiennamen sind hüben wie drüben oft die gleichen – nur einmal mit und einmal ohne Haček geschrieben. Mit Deutsch kommt man mitunter noch bei den älteren Karstbewohnern weiter.

In manchen Osmize geht es ruhiger zu. Manchmal passiert es mir schon, dass ich mich von einer Terrasse mit überwältigendem Meerblick gar nicht mehr trennen will. Andere Osmize wieder liegen eingebettet in blumengeschmückte Gärten, wo Kinder nach Herzenslust herumtoben können. Tiere als Hausgenossen sind keine Seltenheit, Ziegen, Esel oder Schweine wollen dann gelockt und vor allem bestaunt werden.

Die Vielfalt des Karsts zeigt sich auch bei den Gastgebern selbst – den Winzern. Die Bandbreite erstreckt sich vom Kleinstproduzenten mit 5.000 Flaschen Jahresproduktion bis hin zum „Starwinzer", dessen Weine auch in New York und Tokio Kenner erfreuen. Was die Menschen hier eint: Die Hingabe zu ihrem Tun – und die feste Verwurzelung in ihrem Land, ihrer *terra*. Die Herausforderungen aufgrund der besonderen Bedingungen durch Boden und Wind sind beträchtlich. Die kompromisslose Bekenntnis zur Qualität, das handwerkliche Können und nicht zuletzt die „Kleinheit" des Gebiets machen die Karstweine zu echten Nischenweinen.

Wenn Sie sich also beim nächsten Mal in der Gegend die Frage stellen, wo es hingehen soll, ist die Antwort ganz einfach: Am besten dorthin, wo gerade offen ist! Ein Blick in die einfache, aber unglaublich praktische Internetseite www.osmize.com genügt. Damit wird jeder Ausflug in den Karst ein genussreiches Abenteuer. Und genau so nicht wiederholbar.

Grundversorgung in der Osmiza: Wein, Brot, Prosciutto.

↑
Im Triestiner Karst verleiht die typische und ganz besondere *terra rossa*, die rote Erde, den Weinen eine einzigartige Charakteristik.
→
Im Frühjahr zieren die die zauberhaften „Staubwedel“ des Perückenstrauchs in allen Rosatönen die Karstlandschaft.

←
In der Osmiza geht es gerne bodenständig zur Sache: Die guten alten Stumpengläser sind allgegenwärtig.

1 Silene

Wie der Name im Italienischen vermuten lässt – *silene* ist das Leimkraut – ist hier ein Festspielort der Wildkräuter. Der Großteil der verwendeten Produkte wird selbst gesammelt, geerntet, verarbeitet. Die Küche ist von höchster Qualität und innovativ, der klare Fokus ist: raffinierte Bodenständigkeit. Durch eine Glastür kann man das kleine Küchenteam beobachten, wie es die Speisen kunstvoll auf die Teller drapiert.
Frisches Gemüse und spannende (wilde) Kräuter dominieren zwar die Speisekarte, aber es gibt auch Fisch, Fleisch und Geflügel aus der Umgebung. Alles unglaublich leicht und gesund zubereitet. Die hervorragenden Weine, darunter einige Cuvées, stammen aus eigenem Anbau. Besonders schön finde ich im Sommer die Terrasse, so mitten in der stillen Karstlandschaft.

2 Colja

Ein rustikaler und heimeliger Karstklassiker: Die schwarze Kreidetafel beim Eingang und dekorativ aufgebaute Weinflaschen verheißen auf Anhieb viel Gutes. Der weitläufige Gastgarten im Innenhof ist wirklich einladend, bei kühlerem Wetter lockt der offene Kamin in den Gastraum. Bei Colja gibt es deftige Karstküche und hauseigene autochthone Weine wie Vitovska und Terrano. Auf der Speisekarte: Gnocchi mit Gulasch, Trippe, Jota, gekochtes Fleisch aus dem Kessel wie Cotechino und Porcina, dazu Sauerkraut und Röstkartoffeln *(patate in tecia).* Und der Kaffee kommt aus der Moka. Mein Rundblick bestätigt: Hier fühlen sich alle wohl.

Die kulinarische Bandbreite im Karst reicht von moderner „grüner" Küche bis hin zu bodenständigen, rustikalen Speisen. Und die Weinkarte – wie bei Colja – ist reichhaltig.

3 Sancin

Vitjan Sancin und seine Söhne Devan und Alen sind die Hüter der Exzellenz. Der weite Blick vom Monte d'Oro über die tiefblaue Adria im Golf von Triest, dazu die gute Belüftung in dieser Höhe machen, so scheint's, den Kopf frei für neue Ideen. 1995 brachte Vitjan die hier einst heimische Glera-Traube aus Slowenien zurück. Und so wurde daraus im Laufe der Jahre nicht nur erstklassiger Stillwein, sondern auch ein Prosecco spumantizzato, der Brut White: ein Jahrgangsspumante aus besonders selektionierten Trauben aus einem einzigen Lesejahr. Herstellung nach „Metodo Martinotti lungo", einer Mischform aus Charmat- und Classico-Methode (siehe Seite 148). Dennoch macht Rotwein 70 % ihrer Weinproduktion aus. Ein Highlight: die Cuvée Monte D'Oro Rosso. Beflügelnd auch der Merlot oder der Refosco Istriano. Dabei ist den Sancins die Bodenhaftung so wichtig: „Sempre con i piedi per terra."

Devan Sancin steht für Tradition und Innovation im Qualitätsweinbau.

Degustare!

1 **Silene**
Via Igo Gruden 9
34070 Jamiano

2 **Azienda Agricola Colja Jožko**
Località Samatorza 21
34010 Sgonico
www.agriturismocolja.it

3 **Azienda Agricola Sancin**
Monte d'Oro-Mont 173
34018 San Dorligo della Valle / Dolina
www.sancin.com

Camminare

Strada Napoleonica — Opicina, Triest

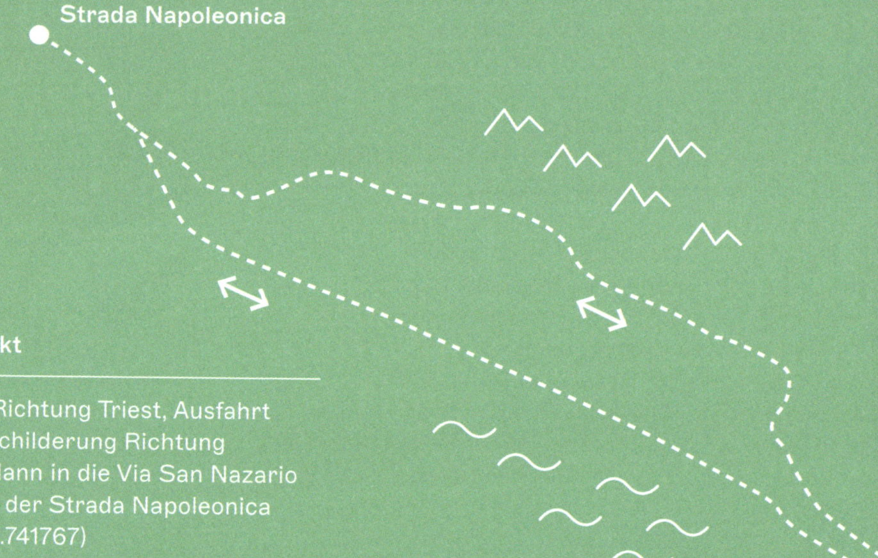

Ausgangspunkt

Autobahn A4 Richtung Triest, Ausfahrt Prosecco. Beschilderung Richtung Monte Grisa, dann in die Via San Nazario zum Parkplatz der Strada Napoleonica (45.697872, 13.741767)
Bei umgekehrter Gehrichtung: Obelisk in Opicina (45.68060292445087, 13.781211692057083)

Distanz

ca. 4 km je Richtung,
auch als Rundweg möglich

Gehzeit

2–3 Stunden

Einkehren

in Opicina: Caffè Vatta, Via Nazionale 38, 34151 Trieste. Qualitätsvolles Café mit toller Weinauswahl, feinen Stuzzichini, traumhaften Süßspeisen

Es gibt wohl kaum Schöneres als Wandern mit Meerblick: hier über dem Golf von Triest.

17

Wenn man mit einem Blick erfassen möchte, was Triest „ist", dann sollte man sich auf den Weg machen, nämlich auf jenen der Strada Napoleonica (oder Via Vicentina), einen wunderschönen Höhenweg über dem Golf von Triest. Ganz relaxed und mit Meerblick zum Sattsehen marschieren wir bis zum Obelisken nach Opicina – und wieder zurück.

Ich starte gerne auf der Seite von Prosecco, weil ich mich dann Schritt für Schritt der Stadt nähern kann. Schon vom Startpunkt an bin ich verführt, das kostenlose Naturschauspiel fotografisch zu verewigen. Und wieder ein neuer Blick, ach, hier ist es noch schöner, und da, die Schiffe, Ruderboote und dann rechts Miramare, unten ein kleiner, aber auffälliger Hafen in U-Form namens Porticciolo del Cedas, und erst die Himmelsstimmungen!

Vom Parkplatz in der Via San Nazario führt der breite und durchaus kinderwagentaugliche Weg zuerst asphaltiert und dann leicht geschottert immer die Küste entlang. Vorbei am Kletterparadies der *falesie*, also den Klippen, wo sich immer sportliches Volk tummelt. Ansonsten gibt es hier Menschen, die spazieren gehen, wandern, Rad fahren oder laufen. Als Familie, in der Gruppe oder allein – hier werden alle fündig, die Lust haben, das Karstland über Triest zu entdecken.

Beim Obelisken (auf 359 Meter Seehöhe gelegen), der 1830 zu Ehren von Kaiser Franz II. (bzw. I.) errichtet worden war, lässt sich eine formidable Pause einlegen, natürlich wieder mit Ausblick. Oder man wandert noch einen Kilometer in den Ort Opicina weiter, um dort in eines der Lokale einzukehren.

Den Rückweg kann man, beim Obelisken der Beschilderung folgend, Richtung Monte Grisa antreten. Dieser Weg führt durch Karstwald, also im Schatten, und meist auf breiten Wegen zur eigenwilligen Kirche aus Sichtbeton, die man auch von der Autobahn aus bemerkt – und bestaunt, weil sie wie ein Stück Emmentaler dasteht. Der Weg zum Tempio Nazionale a Maria Madre e Regina di Monte Grisa, wie die Wallfahrtskirche aus den 1960er-Jahren offiziell heißt, ist sanft und das Zwischenziel lohnend. Der Ausblick einmal mehr fantastisch und die Kirche selbst, trotz aller Gewöhnungsbedürftigkeit, ein auch innen imposanter Energieplatz.

Opicina

Von dort geht es weiter, dem nun schmalen Weg Nr. 12 folgend, vorbei an weiteren Aussichtsplätzen, zurück zum Ausgangspunkt.

Darf's noch ein Dolce sein?

→ Die Triestiner Heiligtümer Pinza, Presnitz und Putizza

Pasticceria La Bomboniera

Via Trenta Ottobre 3
34122 Trieste

Caffè degli Specchi

Piazza Unità d'Italia 7
34121 Trieste

Caffè Tommaseo

Piazza Nicolò Tommaseo 4
34122 Trieste

Der Traum für Liebhaber edler Süßspeisen – Türme von Schokolade und Zucker, Creme und Früchten in der Bomboniera.

18 **Sie ist sicht- und hörbar ein älteres Semester. Wir steigen vorsichtig die schmale Wendeltreppe hinauf.** Die Zeit scheint stehen geblieben. Auch Lena und ich stoppen: Die Treppe endet abrupt, mitten in einer Drehung ist da ein Wandverbau aus weiß lackiertem Holz. Darüber, erzählt mir meine heutige Begleiterin, befindet sich eine Wohnung, die nicht mehr zur Konditorei gehört. Sie wurde im Zuge des Zweiten Weltkriegs von den ursprünglichen Besitzern, der Familie Eppinger, verkauft. Sie selbst mussten als Juden Triest verlassen und flüchteten nach Argentinien.

Knarrendes Holz unter den Füßen, eine Brüstung, die nicht unbedingt das Gefühl von Sicherheit aufkommen lässt, hinter einer Tür ein dunkler, enger Raum, der heute als Lager für Verpackungen dient: „Hier schlief einst der Konditorgeselle." Ein Raum ohne Fenster, künstliches Licht war damals sicher nur in bescheidenem Ausmaß vorhanden.

Der Blick von oben auf das darunterliegende Geschäftslokal der Bomboniera ist dafür umso beeindruckender. Am liebsten möchte ich in die schokoladigen Cremetorten köpfeln. Oder in die gefüllten **Brioche**, die farbenfrohen **Konfekte** und **Rouladen**, die duftenden **Kokosbusserln.**

Die Kaffeemaschine von La San Marco (siehe Seite 98) glänzt golden unter dem venezianischen Kristallluster. Mittlerweile darf man in der wohl traditionellsten Jugendstilkonditorei Triests den Kaffee auch wieder im Sitzen konsumieren, zumindest im Freien ist genug Platz dafür. Auf die Genehmigung musste die Besitzerfamilie zweieinhalb Jahre warten. Für diese brauchte es die – fotografischen – Beweise, dass hier schon immer Kaffee ausgeschenkt wurde. Denn heute gilt: Kein Kaffeeausschank ohne Kundentoilette. Und Letztere gibt es aus baulichen Gründen einfach nicht.

In der süßen Backstube

Besonders aufregend wird es nun dort, wo die Aufschrift „Pasta, Crapfen und Brioches" eben genau diese verheißt. Es geht in Richtung Offenbarung des bald zweihundertjährigen Geheimnisses, was die Herstellung der heißgeliebten Dolci betrifft: Auf engem Raum, so war es eben früher, wird mit präzisem Handwerk gearbeitet. Immerhin zählen die berühmten k. u. k. Mehlspeisen zu den schwierigsten in der Patisseriekunst. Unterschiedliche Texturen von knusprig bis cremig, wie etwa bei der Piscinger (sic!), und aufwendige Schichtarbeiten wie die Dobos-, Rigójancsi- oder Esterházytorte erfordern besondere Fertigkeiten. Damals wie heute.

Um all diese kalorienreichen Segnungen ranken sich liebenswerte Geschichten, die seit jeher die Fantasie beflügeln und den Erfolg garantieren. So weiß man etwa, dass die **Dobostorte**, bestehend aus sechs hauchdünnen Teigschichten mit Schokoladenbuttercreme dazwischen und Karamellabschluss obenauf, vom ungarischen Konditormeister József Dobos erfunden wurde. Kaiser Franz Joseph und seine Sisi kamen 1885 anlässlich der Nationalen Generalausstellung in Budapest als Erste in den Genuss der süßen Kreation.

Oder auch, dass die **Rigójancsitorte** auf einem unschicklichen Verhältnis fußt: jenem zwischen dem ungarischen „Zigeunergeiger" Rigó Jancsi und der schwerreichen Amerikanerin Clara Ward, Ehefrau eines belgischen Fürsten. Die luftige, weiche Torte brachte den beiden zwar nicht viel Glück, uns Dolci-Liebhabern aber bis heute umso mehr.

Die Gerätschaften in der Backstube sind großteils original und historisch, wie auch die Holzarbeiten und die Bleiverglasung im Verkaufsraum. Das gasbetriebene Waffeleisen stammt aus dem Gründungsjahr 1836 – einzig darauf werden die unvergleichlich knusprigen Waffeln für die **Pischingertorte** hergestellt. Geht es kaputt, weiß niemand mehr, wie es repariert werden kann.

Der Holzofen ist italienweit einzigartig in einer Pasticceria, und um ihn zu bedienen, braucht es einen groß gewachsenen Konditor, so tief ist er! Hier werden täglich die Juwele der Triestiner Mehlspeisen gebacken: Pinza, Presnitz und Putizza.

Die drei großen P

Die drei historischen Süßgebäcke Pinza, Presnitz und Putizza sind so etwas wie das kleine Einmaleins der Triestiner Konditorkunst. Wer sie nicht beherrscht, braucht sich nicht *pasticcere* zu nennen. Und natürlich hatte und hat auch jeder Haushalt das einzig wahre Rezept!

Der Ursprung der **Pinza**, so sagt man, liegt in Triest und Gorizia. Sie ist ein Germteiggebäck, weder süß noch salzig, welches man traditionell zu Ostern mit Schinken und Weißwein genießt. Ihre Oberfläche wird drei oder vier Mal eingeschnitten. Der Wunsch *Bona Pasqua, bone pinze* lässt vermuten, dass es der Auferstehung gleichkommt, wenn eine gute Pinza auf den Tisch kommt.

Diese Kultstätten urtypischer Triester Genüsse vereinen, wonach sich Triest-Reisende sehnen

Der **Presnitz** ist traditionellerweise ein gefülltes Blätterteiggebäck, es gibt ihn aber auch als Varianten mit Mürb- oder Strudelteig. Die Fülle besteht aus Walnüssen, Mandeln, Pinienkernen, getrockneten Feigen, Pflaumen und Marillen oder kandierten Früchten, Rosinen, geriebener Schokolade, Zucker, Zimt und Rum. Bis heute ist der Presnitz ein beliebtes Festtagsgebäck zu Ostern und Weihnachten. Sein Name liefert seit Ewigkeiten Stoff für Legenden. Eine davon besagt, dass er auf den 1832 verliehenen „Preis der Prinzessin" (gemeint ist Karoline Charlotte Auguste von Bayern) für das beste Gebäck zu ihren Ehren zurückgeht. Eine andere Definition spricht von einer Osterspeise slawischen Ursprungs – *presenec*.

Die dritte im Bunde, die **Putizza**, hat ihren Ursprung im Karst und ist so wie der Presnitz und die Pinza ein typisches Ostergebäck. Ihre Zubereitung ist insgesamt weniger anspruchsvoll, daher wird sie auch in Familien häufiger gebacken: Der Teig ist derselbe wie bei der Pinza, die Fülle ähnelt jener des Presnitz.

Multikulturalität ist Normalität

Jetzt lässt mich die Musik in der Backstube aufhorchen: So geschichtstreu der Auftritt der Bomboniera ist – die Akustik spricht eine andere Sprache. Zwischen den Vitrinen des Verkaufsraums gibt es Wiener Walzer zu hören. Zwischen den Rührschüsseln und Backblechen: Reggae. Was daran liegt, dass seit bald 30 Jahren dominikanische Mitarbeiter zum Team gehören. Sie sorgen nicht nur für wohlgelernte fachliche Qualität, sondern sind Teil des Multikultigefühls, das auch für Familie Faggiotto, die heutigen Betreiber der Bomboniera, zur Normalität gehört.

Die Vergangenheit der Pasticceria ist ungarisch geprägt, die Gegenwart hingegen italienisch: Giuseppe Faggiotto, gebürtiger Veneter, hat schon vor drei Jahrzehnten die traditionelle Pasticceria Peratoner in Pordenone gekauft und sich damit seinen Traum erfüllt. Als Meisterchocolatier und Patissier von internationalem Ruf liebt er es bis heute, nunmehr auch für Triest, essbare Kunstwerke anzufertigen, die dann als Darstellung der Piazza Unità, Karusselle oder handbemalte Schokoladentafeln große und kleine Kinder verzaubern.

Einer der begehrtesten Plätze

Mit dem Träumen hat Giuseppe nicht aufgehört: 2011 übernahmen die Faggiottos das weltweit renommierte und beliebte Caffè degli Specchi auf der Piazza Unità, das zuvor zwei Jahre lang geschlossen war. Als die Eigentümerin, die Generali Versicherung, ein unmoralisches Angebot aus China ablehnte, war das allgemeine Aufatmen wohl in der gesamten Stadt zu hören. Schließlich stand ein einzigartiges Kulturgut auf dem Spiel: der zum Meer hin offene Platz, die imposanten, ihn umrahmenden Palazzi, das immerwährende Flair des sich dort befindlichen Cafés. Und damit das wahrscheinlich schönste Wohnzimmer der Welt.

Schon seit 1839 befindet sich an der Stelle das von einem Griechen begründete Caffè degli Specchi, welches von Anfang an in der Tradition eines Wiener Kaffeehauses geführt wurde. Natürlich war auch dieser Ort, wie andere berühmte Cafés der Stadt, ein Treffpunkt der vielzitierten „Triestiner" Literaten wie Italo Svevo, James Joyce und Rainer Maria Rilke.

Nach dem Zweiten Weltkrieg durften die Stadtbewohner erst 1953 das Haus wieder betreten, nachdem das gesamte Palais – die Casa Stratti – in der Zwischenzeit von US-amerikanischen und britischen Besatzungsmächten in Beschlag genommen worden war.

Nach einigen weiteren Besitzerwechseln und unruhigen Zeiten ist das berühmte „Spiegelcafé", in dem übrigens nur noch drei originale Spiegel erhalten sind, heute also fest in italienischer Hand. Es ist ein Treffpunkt, nicht nur für alle Besucher, sondern für die Triestiner selbst, die ohne Weiteres auch einmal mehrere Stunden dort sitzen. Am liebsten in der Sonne vor dem Café, um einer ihrer Lieblingsbeschäftigungen zu frönen: Reden. Und natürlich, um Kaffee zu trinken! Dieser ist übrigens eine eigens für das Specchi komponierte Spezialmischung aus dem Hause Segafredo – als Espresso wird er pro Jahr mehr als eine Million Mal serviert!

Eine jüngere Erfolgsgeschichte sind die zehn internationalen Frühstücke, die Juniorchef Riccardo Faggiotto „erfunden“ hat, als es noch keinen Brunch in der Stadt gab: Im Specchi spielt der kulinarische Start in den Tag auf Amerikanisch, Englisch, Französisch bis hin zu Hawaiianisch, Griechisch oder Israelisch alle Stücke der Weltoffenheit.

Jelena Lekic, Marketingmanagerin und Partnerin von Riccardo, für mich kurz Lena, ist gebürtige Serbin und erst seit wenigen Jahren im Land. Sie ist mehrsprachig aufgewachsen und hat binnen kürzester Zeit auch die italienische Sprache erlernt. Dennoch, sie verspürt, was man den Triestinern unterstellt: Verschlossenheit gegenüber dem „Fremden“. Wie ambivalent! Schließlich ist kaum eine andere italienische Stadt so sehr aus der Multikulturalität entstanden. Die heutige wie auch historische Vielfalt an Nationen, Religionen und Sprachen zeugt vom Schmelztiegel-Attribut, das der Stadt von Außenstehenden gerne verliehen wird. Auch die mehr oder weniger liebevoll vorgebrachten Klagen von Zugereisten, sich kritisch beäugt zu fühlen, scheinen kurios angesichts der Tatsache, dass die heißgeliebten Triestiner Mehlspeisen durch und durch „habsburgisch“ sind – also ein Mix aus Ungarisch, Böhmisch und Österreichisch.

Aller guten Dinge sind drei

Das dritte und jüngste „Baby“ der Familie Faggiotto, das Caffè Tommaseo an den Rive, praktisch mit Meerblick, gehört erst seit 2021 zum Unternehmen. Hier treffen wir erneut auf eine geschichtsträchtige Location der Superlative. Mit Gründungsdatum 1830 ist es das älteste Café der Stadt – und für viele auch das schönste. Vor diesem Hintergrund spielt heute wieder ein Attribut die Hauptrolle, das man andernorts schmerzlich vermisst: die *eleganza* legendärer Orte. Das Interieur besticht durch originale Thonet-Stühle und Stuckarbeiten, gleich beim Eingang erblickt man einen glänzenden schwarzen Flügel, der schon vermuten lässt: Es gibt regelmäßig Livemusik.

In der Mehlspeisenvitrine reihen sich speziell für das Tommaseo angefertigte und unglaublich kunstvolle kleine Torten aneinander. Auf der Speisekarte finden sich Klassiker der Triestiner Küche, elegant und revisited. Die verwendeten Grundzutaten werden, wie in allen Häusern der Familie Faggiotto, bevorzugt aus lokaler Produktion bezogen.

Kurz zusammengefasst: Im Tommaseo, ab 1848 Treffpunkt der italienischen Freiheitsbewegung und später der „Trieste-Bene“ (Künstler, Literaten und Geschäftsleute), legt man Wert darauf, den einstigen Glanz wieder aufleben zu lassen. Das schließt jedoch nicht aus, ein der Zeit angepasstes Halloween-Menü anzubieten, bei dem es sich beim Anblick von schwarzer Sepiatinte und „blutigem" Tomatenconfit schön gruseln lässt.

Die Triestiner Kultstätten-Geschichte ist also höchst lebendig – auch dank Leonardo, dem jüngsten Familienmitglied der Faggiottos, der auf der Piazza Unità am liebsten mit den Freunden Fangen spielt. Und wir dürfen Hoffnung haben, dass der Süße die Liebe zu den fabelhaften Genüssen weiterträgt.

Mit viel Herz betreibt die Familie rund um Meisterchocolatier Giuseppe Faggiotto drei Kultstätten der Triestiner Gastronomie: Bomboniera, Tommaseo (re. oben) und Caffé degli Specchi (unten).

1 Hostaria Malcanton

Tradition mit zeitgemäßem Touch – eine ausgezeichnete Melange. Im Freien schmücken rot-weiße Tischdecken die Kulisse, drinnen ist es schlicht und gemütlich. Augenweide wie Gaumenschmaus ist die gemischte Fischvorspeisenplatte. Darauf tummeln sich, schick präsentiert, Sardoni in savor – süßsaure Sardinen –, Baccalà mantecato – Stockfischcreme –, ein frischer Oktopussalat und mehr. Schön und köstlich auch die Pasta alla scogliera mit vielen, vielen Meeresfrüchten in der Schale in Tomatensauce – Achtung, Anpatzgefahr! Zart der knusprige Fritto misto. Zusätzliche Aufmerksamkeit verdienen die Weine: Glasweise gibt es autochthone Rebsorten aus dem Karst, zum Beispiel Vitovska, Malvasia oder Terrano.

2 Osteria Clai

In einer der urigsten Triestiner Osterien scheint die Zeit in den 1950ern stehen geblieben zu sein: Die Tische schmücken karierte Papiertischdecken, die Chefs sind gestandene Mannsbilder. Drei gut frisierte ältere Triestiner Damen plaudern, während sie zufrieden ihre Jota, die typische Bohnen-Sauerkraut-Kartoffel-Suppe, löffeln. Das Ragù auf meinen Kartoffelgnocchi ist eindeutig papriziert. Ich muss an Gulasch denken. Gibt es – ebenfalls auf Gnocchi. Die panierten Sardoni sind knusprig und dünn. Die gekochten Roten Rüben lauwarm und angenehm süß, als Garnitur gibt es eine Zitronenspalte. Der Haus-Malvasia ist süffig und ein richtiger „Naturwein", serviert im eleganten Stielglas. Ein wenig packt mich der Neid, als ich zu den Herren am Nebentisch blinzle: Porcina! Ein üppig bestückter Mischteller aus gekochtem Schinken, Würsten, Zunge, Kren und Senf. Dazu ein Spritzone – ein großer Spritzer!

3 Dafina

Wer hier vorbeigeht, ist selbst schuld! Das helle, einladende Bäckereigeschäft zieht aber wohl die meisten in sein Inneres. Mit großartigen Sorten wie Balcanico, das ist duftendes, saftiges Fladenbrot, Filoncino, Segale (ganz dunkles Roggenbrot), Kamut, Panini „Tipo 00", Sesamkringeln, die als größere Bagels durchgehen könnten, Baguette und vielem mehr. Einfach dem Instinkt folgen. Außerdem lockt eine kleine Ecke mit Desserts eher kleineren Zuschnitts, perfekt, um sie haltlos gleich im Geschäft zu verspeisen.

4 Zanzi

Kein Shoppingtipp im herkömmlichen Sinn, denn der Getränkehandel aus einer früheren Zeit zählt zur Kategorie „Erlebnis": In einem garagenartigen Raum reihen sich Paletten mit praktischen Bag-in-Box-Weinen an Stapel von Bier- und Mineralwasserkisten. Außerdem gibt es edle Flaschenweine. Diese werden besonders in der Weihnachtszeit als Präsente schön verpackt. Generell ist man hier noch auf Hauszustellung ausgerichtet, so wie es einmal war. Da und dort historische Gegenstände, etwa Unikate aus mehreren Brauereien Italiens und Österreichs. Der freundliche Signor Daniele ist ein Kenner und berichtet gerne aus seinem Getränke-Universum, das es schon seit 1950 gibt. Diese Art Geschäft steht mit Sicherheit auf der Roten Liste. Daher: Noch rechtzeitig hingehen!

5 La Bottega del Crudo

Neben zwei, drei Tischchen im Freien eine vielversprechende Kreidetafel am Hauseingang: Darauf reihen sich bekannte und unbekannte Namen von Weinen an jene von Schinkenspezialitäten: von Prosciutto di Parma über D'Osvaldo bis Patanegra und Serrano bis hin zu Jambon de Bosses aus dem Val d'Aosta. Ein köstlicher Mix aus Geschäft und Lokal: „Aktuell werden vier Sorten per Hand geschnitten, sechs per Maschine", gibt mir der Chef Auskunft. „Wenn es kälter wird, sind es noch mehr." Auch die Käseauswahl ist speziell. Die Weine kommen hauptsächlich aus dem Collio, aber auch aus Sizilien, sogar Champagner gibt es. Alles zum Genießen vor Ort oder Mitnehmen.

Besonders wenn die Bora pfeift, erfreut man sich an den wärmenden Gnocchi im Clai.

Degustare!

1 **Hostaria Malcanton**
Via Malcanton 10
34121 Trieste
www.hostariamalcanton.it

2 **Osteria Clai**
Via del Ghirlandaio 21
34138 Trieste

3 **Panetteria Dafina**
Via Giosuè Carducci 34
Außerdem:
Piazza Giuseppe Garibaldi 5
Via Brigata Casale 3
34138 Trieste

4 **Zanzi Vini**
Via Ghirlandaio 14/e
34138 Trieste

5 **La Bottega del Crudo**
Piazza Goldoni 8
34122 Trieste

Speciale

Autochthone Weine
Geschichte im Glas

Die heute in Friaul-Julisch Venetien als autochthon geltenden Rebsorten schauen auf eine lange Weinbaugeschichte zurück. In der modernen Weinwelt gewinnen sie dank ihrer Ausdrucksstärke immer mehr an Bedeutung.

19 **Wo beim Thema Wein anfangen? Ich will ob der Fülle den Scheinwerfer auf jene Weine richten, die mit Friaul-Julisch Venetien besonders eng verbunden sind.** Auf Rebsorten, die seit langer Zeit vorwiegend oder ausschließlich hier wachsen und wo sie ursprünglich auch herkommen. Das nennt man dann: autochthon. Ein Begriff, den wir in Zusammenhang mit Wein oft hören. Und einer, der Weinliebhaber automatisch in Vorfreude versetzt. Denn „autochthon" sagt uns, dass wir das Typische und Charakteristische einer Weinregion kennenlernen. Das Echte, das Ursprüngliche.

Natürlich gibt es hervorragende „importierte" internationale Rebsorten, sie sind sogar in der Mehrheit. Man denke an die beliebten Burgundersorten Pinot Bianco, Pinot Grigio, Pinot Nero, an Chardonnay und Merlot, an Cabernet Sauvignon und Cabernet Franc. Auch sie entwickeln ihre besonderen Eigenschaften je nach Terroir, in dem sie entstehen. Das heißt, Landschaft, Boden, Klima, Sonneneinstrahlung, auch die Weingarten- und Kellerarbeit des Winzers beeinflussen den Weg des Weins.

Das Besondere in Friaul-Julisch Venetien ist, dass es hier – trotz der im nationalen und internationalen Vergleich bescheidenen Gesamtgröße als Weinbauland – eine Vielzahl autochthoner Weine gibt. Und dass dieselben Rebsorten oft innerhalb weniger Kilometer Distanz große Unterschiede in ihrer Aromatik aufweisen – spannend, wie ich finde. Wir begeben uns also auf die Spuren der geschichtsträchtigen „Eingeborenen".

Ihre oft lautmalerischen Namen lassen meist schon erahnen, was uns erwartet. Dazu muss man gar nicht die Sprache beherrschen, weil die Begriffe in den meisten Fällen ohnehin nicht Italienisch sind, sondern Friulanisch oder ein alter Dialekt.

Noch ein paar Zahlen vorab: In Friaul-Julisch Venetien gibt es eine ganze Reihe von Weinbaugebieten – zwölf mit dem Qualitätssiegel DOC und vier (noch strenger definierte) DOCG-Gebiete. Darunter Collio, Colli Orientali, Carso, Isonzo, Grave und Ramandolo. Der wirtschaftliche Wert des Weins innerhalb der Agrarproduktion Friaul-Julisch Venetiens beträgt 34 Prozent – das ist der höchste Prozentsatz in ganz Italien. Circa 25.000 Hektar Weinbaufläche – 1,8 Millionen Hektoliter Jahresproduktion –, fast 80 Prozent entfallen auf Weißweine, das heißt die Region ist Heimat großer Weißer. Über 70 Prozent der Weine tragen das italienische, aber nach EU-Richtlinien vereinheitlichte DOC-Qualitätssiegel und sind damit hochqualitative Weine.

Bianco!

Friulano

Der Friulano ist jener Wein, der einem als erstes „Stehachterl" gleich nach Passieren der Grenze begegnet. Man kann sich ihm getrost anvertrauen, der Friulano ist ein guter Freund für alle Lebenslagen. Er eignet sich als Aperitif an der Theke, aber genauso als perfekter Speisenbegleiter zu Affettati und Spargel, zu Pilzgerichten, Käse und Fisch, zu Schmorgerichten und noch mehr. Er ist fruchtig und kräuterig, bietet Anklänge von Mandelaromen. Seine Farbe: ein dichtes Strohgelb.
Das Hauptanbaugebiet liegt im Osten Friauls, also im Collio, in den Colli Orientali und im Isonzogebiet. Und sein traditioneller Name hält sich in der Umgangssprache hartnäckig: Tocai. So hieß er auch offiziell, bis es zu einem Namensstreit mit dem ungarischen Tokajer kam. Dieser ist ein Wein, der zwar als Hauptrebsorte Furmint enthält und meist als Süßwein ausgebaut wird, aber die Bezeichnung seit dem Jahr 2007 für sich beanspruchen darf. Macht nichts, der Friulano lässt dafür sofort erkennen, wo er zu Hause ist.

Vitovska

Vielleicht am tiefsten verwurzelt mit ihrem Land ist die Vitovska-Traube. Ihr kleines Kerngebiet ist der Karst nordwestlich von Triest. Wo die Grenzen zwischen Italien und Slowenien schon seit jeher verwischen, sorgen die steinigen, mineralischen Böden und die unbarmherzigen Windstöße der Bora für ideale Anbaubedingungen: Die Trauben entwickeln unter diesen „stressigen" Einflüssen, zu denen im Sommer noch die Hitze kommt, ihre ganze aromatische Kraft.
Einfach ausgebaute, junge Weine aus der Vitovska sind hellgelb und duften nach weißem Pfirsich und Apfel, manchmal nach frischem Gras. Sie sind ideal zu Fischgerichten oder Vegetarischem. Gerne wird die Traube für die Orange-Wine-Herstellung verwendet, bei der der Wein längeren Kontakt mit den zerquetschten Trauben hat. Dadurch erhält er kräftigere Aromen, etwa nach Mandeln und Haselnüssen, und eine sattere Farbe. Auf diese Weise vinifiziert, verlangt er nach Speisen mit mehr Substanz.

Vitovska ist eine autochthone Rebsorte aus besonders kleinräumigem Gebiet und wird als „Königin des Karsts" bezeichnet.

Ribolla Gialla

Bereits die Römer sollen diese Rebsorte ausgepflanzt haben. Oder auch die Einwohner der Provinz Gorizia – es gibt unterschiedliche Sichtweisen. Im 13. Jahrhundert wurde der Wein aus Ribolla Gialla jedenfalls von den Venezianern gehandelt. Auch dem österreichischen Herzog Leopold III. schmeckte er so gut, dass er sich eine jährliche Lieferung vom „besten" Ribolla Gialla garantieren ließ.
Heute gilt die Ribolla-Gialla-Traube im Collio und auf der anderen Seite der Grenze, in der Goriška Brda in Slowenien, als autochthon. Dort heißt sie dann Rebula. Immer mehr Winzer nutzen die eleganten Eigenschaften dieser Traube, um sie als Spumante, also Schaumwein, auszubauen. (Siehe auch Kapitel „Schaumweine", Seite 148) Der Wein gilt als fruchtig und floral, mit Zitrusnoten und Aromen weißer Blüten wie Holunder oder Akazie. Er passt gut zu Fisch und Meeresfrüchten und überhaupt zu leichten Gerichten.

Verduzzo

Hauptsächlich, aber nicht nur als Süßwein bekannt ist der Verduzzo. Er wird in mehreren Weinzonen Friauls angebaut, häufig rund um Nimis, Prepotto, San Pietro al Natisone und Cividale. Der Verduzzo ist grünlich-gelb bis goldgelb und hat fruchtige Aromen. Als trockener Wein ist er ein Allrounder, als Süßwein schmeckt er zu Prosciutto crudo, Kürbisgerichten, reifem Käse und Süßspeisen wie Gubana.

Ramandolo

Ebenfalls ein Verduzzo Friulano – so heißt die Rebsorte in Ramandolo mit Vor- und Nachnamen – ist dieser begehrte Dessertwein. Benannt nach dem Örtchen hoch über Nimis in den Colli Orientali, wächst er auf steilen Lagen heran. In den Weingärten muss er mit schwarzen Netzen vor Hagel geschützt werden.
Satt goldgelb leuchtet er im Glas, intensive Vanille, Honig, Akazienblüten betören in der Nase und auf dem Gaumen. Ein Gedicht: Biscottini, hausgemachte trockene Kekse, die gerne dazu gereicht werden, einmal kurz in den Wein tauchen. Da lasse ich durchaus ein Dessert links liegen.

Picolit

Eine rare und daher kostspieligere Spielart des Weißweins schenkt uns die zuckerreiche kleine Picolit-Traube. Schon 1682 erstmals erwähnt, exportierte man den Wein im 18. Jahrhundert in die feinsten Häuser Europas. Zu Beginn des 20. Jahrhunderts wurde er von der Familie Perusini auf dem Weingut Rocca Bernarda in den Colli Orientali wieder wachgeküsst
Der Picolit wird zwar auch trocken ausgebaut, grundsätzlich gilt er aber als Dessertwein. Er ist golden bis honigfarben, lässt unsere Nase Wiesenblumen erkennen, auch Mandeln, Pfirsich und Kastanie. Und er kann einen Alkoholgehalt von bis zu 16 Vol.-% erreichen. Wunderbar zu kombinieren mit reifen Käsesorten und sogar mit Schokolade. Ein Wein für besondere Stunden!

Rosso!

Einige der autochthonen Rebsorten, etwa der Tazzelenghe, brauchen Winzer, die sich für deren Erhalt einsetzen, sonst verschwinden sie – und das wäre jammerschade.

Refosco

Der Refosco ist eine der ältesten Rebsorten. Sie ist in ganz Friaul-Julisch Venetien und im slowenischen Istrien weit verbreitet und die meistangebaute Rotweinsorte. Vom Refosco gibt es mehrere Varietäten, meist spricht man aber vom Refosco dal Peduncolo Rosso, dem „rotstieligen" Refosco. Seine Merkmale: intensives Rubinrot mit violetten Anklängen, rote Früchte, Gewürze, angenehme Säure, als junger Wein zeigt er deutliche Tannine, die beim gereifteren Wein runder werden. Als Speisenbegleiter liebt er die deftige friulanische Küche.

Tazzelenghe

Einer der herausragenden autochthonen Rotweine Friaul-Julisch Venetiens (und vielleicht mein Lieblingswein) gilt als vom Aussterben bedroht. Das wäre jammerschade, wird aus einer produktiven, robusten Traube doch ein gehaltvoller, aber auch „kantiger" Roter.
Der Tazzelenghe ist bis ins 15. Jahrhundert zurückverfolgbar. Sein Name lässt erahnen, dass er kein Lieber ist – vielmehr ein „Zungenschneider" (Friulanisch *tàce-lenghe* oder Italienisch *taglia-lingua*). Aber alles halb so wild! Es sind nur seine reichlich enthaltenen Tannine gemeint.
Die Gerbstoffe aus Schalen und Kernen legen sich auf die Zunge und lassen dieses pelzige, raue Gefühl zurück. Je länger ein solcher Wein reifen darf, desto besser werden die Tannine eingebunden und desto weicher und runder wird er.
Im Glas ist er rubinrot, riecht nach Unterholz, Tabak und Gewürzen, über Zunge und Gaumen fegt er mit Beeren- und Kräuternoten. Passt perfekt zu deftigen friulanischen Gerichten und zu sehr reifen Käsen.

Pignolo

Die historisch bedeutsame Rotweintraube weist Belege aus dem 14. / 15. Jahrhundert auf. Der Name Pignolo hat mehrere Deutungsweisen: Einerseits gab es bei Buttrio einen gleichnamigen Ort, andererseits spielt er auf die Kompaktheit seiner Beeren an – sie sind klein und dickschalig. *Pignolo* bedeutet auch „kleinlich, pingelig". Dieser Wein ist tanninhaltig und reift häufig in Barriquefässern. Ihn zeichnen Kräuter-, Waldfrüchte- und Kirscharomen, beim gereifteren Wein Gewürznoten sowie ein leuchtendes Rubinrot und seine elegante Säure aus. Wenn man ihn nicht pur genießt, passt er hervorragend zu Wildgerichten oder einem edlen Fiorentina-Steak.

Schioppettino

Hier hüpft uns der lautmalerische Name entgegen. Einst ploppte (genau das heißt *schioppettare*) gerne der Korken aus der Flasche, als man den Wein früh abfüllte und er noch in der Flasche nachvergor. Heute zählt der Schioppettino, auch unter dem Namen Ribolla Nera bekannt, zu den qualitätsvollsten Rotweinen der Region. Angebaut wird er vorwiegend im Gebiet von Prepotto.
Seine Farbe ist Rubinrot bis Violett, sein Bukett begeistert mit Waldbeeren und Zimt. Und auf dem Gaumen spüren wir nur samtige Tannine und eine angenehme Säure. Dieser elegante Friulaner schmeckt zu Affettati misti, gegrilltem Fleisch und Wildgerichten in Sauce.

Terrano

Die ersten Aufzeichnungen zum Terrano in Friaul stammen aus dem Jahr 1946. Angeblich hat sein Name mit dem deutschen Wort „Teer" zu tun – sein Hauptanbaugebiet, die Karsthochebene, war ja über Jahrhunderte unter Habsburger-Herrschaft. Man sagte dem Wein gesundheitsfördernde Eigenschaften nach, zumal seine Reben am liebsten in der roten, eisenreichen Erde wachsen.
Terrano bezeichnet übrigens nicht die Rebsorte, sondern den Wein. Die Rebe selbst ist Refosco (in der „grünstieligen" Varietät „dal Peduncolo Verde") oder, im Slowenischen, Refošk. Heute ist der Terrano (oder slow. Teran) das rote Aushängeschild des Karsts.
Er begegnet uns meist in den Osmize als unkomplizierter Hauswein. Er leuchtet rubinrot bis violett. Wir nehmen Aromen von Himbeeren, Heidelbeeren und Maulbeeren wahr, schmecken ausgeprägte Tannine und Säure. Ein robuster Begleiter zu typischen Karstspeisen wie Prosciutto crudo, Salami, Gulasch und anderen Schmorgerichten.

Baronesse oblige

→ Wein und Spargel aus herrschaftlichem Umfeld

Azienda Agricola Ritter de Záhony

Piazza Pirano 8
Monastero di Aquileia
33051 Aquileia
www.ritterdezahony.it

Das herrschaftliche Anwesen in Monastero bei Aquileia war früher ein Kloster. Heute ist es Sitz eines landwirtschaftlichen Gutes.

20 **Die Kleine strahlt von Anfang bis Ende meines Besuchs. Ein fröhliches Kind.** Es sei denn, die Pasta al pomodoro lässt auf sich warten, wenn die Frau Mama mit mir plaudert, anstatt sich ohne Wenn und Aber ihr zu widmen: Maria Vittoria. Oder Mavi, wie die „Baronessa" genannt wird. Eine Marke von Geburt an. Wie das eben so ist in Zeiten des Marketings. Wir alle sind einzigartig – und dennoch Teil eines Ganzen.

Und genau dieses Ganze fühlt man, sobald man das Grundstück betritt. Hier atmet Geschichte. Das langgestreckte, steingraue Gebäude mit der teils blumenumrankten Fassade flößt Ehrfurcht ein. Es macht auf Schloss, war aber einstmals Kloster – daher das Toponym „Monastero". Einst lebten Nonnen hier, es handelte sich dabei jedoch nicht um irgendwelche jungen Frauen: Meist adelige Mädchen sollten eine gute Ausbildung genießen. Manche wiederum wollten sich lieber hinter hohen Mauern verschanzen, als mit einem ungeliebten Mann zwangsverheiratet zu werden.

Spargel, Pfirsiche, Wein

Heute wird das Anwesen von mehreren Mitgliedern der Familie Ritter de Záhony-Rossignoli bewohnt. Und es strahlt eine so sagenhafte Ruhe aus, dass ich mich jedes Mal über die zahlreichen Klingelknöpfe am Eingangstor wundere. Wesentlich lebhafter geht es allerdings zu, wenn in Friaul-Julisch Venetien die *Cantine Aperte*, also Tage der offenen Weinkellertüren, zelebriert werden. Dann ist das Weingut regelrecht überlaufen, der Barriquekeller mit Menschen gefüllt – und das Weinlager anschließend zu einem Gutteil geleert.

Die Küche, wo wir jetzt Salat, Brot und Pasta essen, ist genau so, wie man sich eine Herrschaftsküche vorstellt. Einladende, mächtige Tische, kupferne Töpfe und ein geräumiger Herd. Hier ist Platz für Verkostungen, Weinpräsentationen oder das tägliche Mittagessen von Guido, Roberta – und natürlich der Kleinen. Heute auch von mir.

Die familiengeführte Azienda Agricola gibt es seit dem Jahr 1850. Sie umfasst 130 Hektar, wovon 60 mit Weinreben bepflanzt sind. **Spargel** und **Pfirsiche** zählen zu den wichtigsten landwirtschaftlichen Produkten und werden im eigenen Kiosk an der Hauptstraße nach Grado, der SR 352, an jedermann und jederfrau verkauft.

Der Wein, das sieht man gleich am Leuchten der Augen, ist das Liebkind des Hausherrn. Guido liebt es, ungewöhnliche Rebsorten anzubauen und zu vinifizieren. „Selbst Weinkundige fragen da nach", schmunzelt er. Da finden sich dann also **Carménère**, eine alte französische Rotweinsorte, **Rebo**, eine jüngere Südtiroler Züchtung aus Merlot und Teroldego, oder **Pálava**, eine weiße Sorte aus Tschechien. Neben den autochthonen friulanischen Rebsorten wie **Ribolla Gialla** oder **Refosco** selbstverständlich.

Nobel, nobel – zum bodenständigen Preis – und besonders beliebt, auch bei mir, ist der **Prosecco** des Hauses, zu 100 Prozent aus der **Glera**-Traube. „Strohgelb im Glas, mit feiner Perlage, cremig und anhaltend. Schöne fruchtige Birnentöne und ein frischer Duft nach Grapefruit und grünem Apfel. Schlank und leicht am Gaumen", lautet die fachkundige Kostnotiz meines Friulaners. Der Prosecco ist außerdem mehrfach prämiert als italienweit Bester seiner Kategorie. Nebenbei bemerkt: obwohl gar nicht aus dem Prosecco-Kerngebiet Venetien stammend. Selbst ein bedeutendes römisches Sternerestaurant lässt ihn von hier kommen.

Blättern in der Familiengeschichte

Guido Rossignoli, unmittelbarer Nachkomme der Familie Ritter de Záhony, ist Politik- und Wirtschaftswissenschafter und hatte seine Heimat lange „in Europa". Der Vater war Mitglied der Europäischen Kommission und so wuchsen er und seine Schwester Sabina in Belgien auf. In den Ferien allerdings kamen sie nach Aquileia. Für Guido folgten Studienjahre in Mailand und Top-Positionen in Rom und Turin, ehe er mit knapp 50 Jahren in jene Fußstapfen trat, die einst Julius Hektor Ritter Freiherr von Záhony in Monastero hinterlassen hatte. Dieser entstammte einer angesehenen Kaufmanns- und Industriellenfamilie mit Wurzeln in Frankfurt am Main.

> Wer historische Vibes verspüren will, muss nach Monastero kommen. Das Kloster sieht aus wie ein Schloss, ist aber ein Bauernhof. Oder so ähnlich

Ab 1809 hatte dessen Vater, Johann Christoph Ritter, im heutigen Italien gewirkt: vom Handel mit Salpeter (zur Schießpulvererzeugung) über die Gründung einer Zuckerraffinerie in Görz bis hin zur Mitgründung der Generali-Versicherung in Triest reichten die Aktivitäten. Sein Geschick brachte es mit sich, dass in seinem Görzer Anwesen, dem heutigen Rathaus, die Crème de la Crème Europas zu Gast war – so etwa der österreichische Kaiser Franz I., als Franz II. letzter Kaiser des Heiligen Römischen Reichs. Und so erhielt Guidos umtriebiger Vorfahre 1829 den Adelstitel „von Záhony" verliehen, benannt nach dem damals ungarischen, heute in der Ukraine liegenden Besitz, den ihm der Kaiser gleich dazuschenkte.

Julius Hektor legte schließlich noch einiges an Errungenschaften drauf: Er gründete eine Weberei und Spinnerei und schuf damit die Basis für die spätere bedeutende Seiden- und Baumwollproduktion. 1850 erwarb er ein großes landwirtschaftliches Gut – das Monastero in Aquileia, wo wir uns heute ein Gläschen vom jüngsten Bestseller gönnen: dem Mavì Rosé, klarerweise benannt nach der kleinen Baronessa, vinifiziert aus den seltenen Rebo-Trauben. Der Wein im Glas ist eine Augenweide, wie die Namensgeberin selbst. Zarte Pfirsichtöne und schöne Zitrusnoten sorgen für erfrischte Sinne.

Wir verfolgen den umfangreichen Stammbaum weiter. Die Tochter des Aquileia-Begründers, Elvine (1841–1916), trug ihr Scherflein zum Erfolg des Weinbaus in Friaul bei: Ihrem Ehemann, dem französischen Grafen Theodor de la Tour, sagt man nach, er habe die großen französischen Rebsorten wie Merlot, Cabernet oder Chardonnay als Setzlinge in einem Blumenstrauß versteckt nach Friaul-Julisch Venetien gebracht. Schon zu ihren Lebzeiten wurden in Monastero stattliche Mengen an Wein produziert und in weiterer Folge exportiert.

Der visionäre Blick

Der Name Elvine de La Tour steht auch für ein großes soziales Herz: Sie gründete in ihrem Zuhause, der Villa Russiz in Capriva del Friuli, eine Art Zentrale für Sozialarbeit und gleich in der Nähe eine Sozial- und Bildungseinrichtung für verwaiste Kinder. In Kärnten, in Treffen am Ossiacher See, befinden sich bis heute soziale Einrichtungen der Evangelischen Stiftung Diakonie de La Tour, die auf das engagierte und visionäre Wirken von Gräfin Elvine zurückgehen.

Große Namen, große Taten, könnte man gestrafft sagen. Den durchaus beeindruckenden Fakten widmet sich auch Roberta Valera mit Vorliebe, wenn sie in der Familienchronik ihres Mannes blättert. Die gebürtige Mailänderin hat für Guido schon vor Jahren Gucci an den Nagel gehängt – und ist ihrem Herzen gefolgt: Statt Modeevents in Hongkong, Shanghai oder Tokio zu managen, wie sie es zehn Jahre lang getan hatte, bevorzugt sie: Marketing und Mavi in Aquileia.

Und auch der „letzte Schrei“ wird in die Familiengeschichte eingehen: Ein romantischer Weinkeller am Flüsschen zum Degustieren und Einkaufen in historischen, aber völlig neu designten Gemäuern in Sichtweite des Anwesens und mit Blick auf die Basilika von Aquileia. Die baulichen Updates waren kein leichtes Unterfangen, weil nicht nur die jüngeren, sondern schon die alten Römer exquisite Weine aus Aquileia geholt haben. Was bedeutet, dass Grund und Boden immer wieder bedeutsame Zeugnisse zutage förderten und der Denkmalschutz ein genaues Auge darauf hatte. So wie wir nun auf die brandneue Location: Die schönste Weinshow erste Reihe fußfrei.

←
Im Frühjahr bezaubert das Rosé der Pfirsichbäumchen in der Landschaft.

→
Der Roséwein namens Mavì wiederum besticht mit zartem Pfirsichton.

←
Im Alltag wird in der Küche gespeist. Bei Festen wird schon einmal in der Beletage aufgetragen.

↓
Guido mit Vorfahrin Elvine, deren wohltätige Ader bis heute auch in Österreich nachwirkt.

Piero und die Schokoladenfabrik

→ Zwei kultige Orte der süßen Genüsse

Cocambo

Viale Stazione 2/a
33051 Aquileia
www.cocambo.com

Pasticceria Mosaico

Piazza Capitolo 17
33051 Aquileia
www.pasticceriamosaico.com

Exquisite süße Teile im Mosaico, mit besten frischen Zutaten hergestellt, sind die pure Verlockung.

21 **Im Schatten des Doms von Aquileia liegen nicht nur kunstvolle Mosaike aus frühchristlichen Zeiten.** Dort befindet sich seit mehr als 30 Jahren auch die Pasticceria der Familie Zerbin namens Mosaico. In der längst zur Institution gewordenen Konditorei mit angeschlossenem Kaffeehaus gibt es viele gute Gründe, Einkehr zu halten: **Mignons, Crostate, Torten, Krapfen, Pinzen, Biscotti, Eis** … Touristen sitzen gerne draußen im Gastgarten entlang der beeindruckend schlanken Zypressen, um die ewigen Verlockungen zu genießen. Und die Einheimischen scharen sich drinnen an der Theke zum Austausch der letzten Neuigkeiten bei einem Espresso aus hauseigener Röstung.

Wahre Insider kommen wegen einer Besonderheit in diesen Tempel der vorwiegend süßen Spezialitäten: der **heißen Schokolade**. Doch Achtung, wir sprechen hier nicht von der sonst in Italien üblichen dicken Masse, die neben Unmengen von Stärke häufig noch andere trügerische Stoffe enthält. Beim Mosaico ticken die Uhren in puncto Schokolade gänzlich anders und so wird sie, also die Trinkschokolade, ähnlich dem Aztekenkakao, aus Wasser und dunkler Schokolade (Fondente, zur Wahl stehen 60 oder 72 Prozent Kakaoanteil) schaumig aufgeschlagen und damit köstlich frisch zubereitet. Ein Erlebnis!

Wo der Schokoladentraum entsteht

Überhaupt sind hier Schokoladenliebhaber ihrer persönlichen Idealvorstellung schon dicht auf der Spur. Die Schokolade selbst, also jener braune Stoff, aus dem so viele Träume sind, ist nämlich hausgemacht. Von der Bohne bis zur Tafel. Der Sohn des Hauses und heutige Firmenchef Piero Zerbin hatte einst einen Bubentraum: Er wünschte sich nichts sehnlicher als eine eigene Schokoladenfabrik! Und, *ecco*, seit 2018 steht sie da, unweit des Mosaico in der Via Stazione, und ist der Inbegriff der handwerklich und zu 100 Prozent nachhaltig hergestellten Schokolade.

Alle Prozesse, vom Einkauf über den Energieverbrauch bis zum Müllaufkommen, wurden vor wenigen Jahren auf den Kopf gestellt und entsprechend den hohen eigenen Werten optimiert. Sämtliche Lieferanten wurden neu beurteilt. Die Kakaobohnen sind zur Gänze Bio- und Fairtradeware. Wichtige Zutaten wie Haselnüsse, Aronia, Erdnüsse oder Kürbiskerne kommen aus friulanischem Anbau. Dazu wird in einem dichten und vor allem freundschaftlichen Netzwerk aus Produzenten und Abnehmern zusammengearbeitet. Und schließlich: Aufwendigere Verpackungen, wie etwa für Pralinen, werden mithilfe einer sozialen Einrichtung in Monfalcone von Hand zusammengebaut. Denn das ist Pieros größtes Anliegen: Nachhaltigkeit auf allen Ebenen zu leben. „Für eine Zukunft mit Verantwortung", wie er es auf jedem seiner Produkte verewigt hat.

Nachhaltigkeit live

Wie zur Untermauerung der besonderen Zusammenarbeit fliegt in dem Moment die Tür zum Cocambo-Café auf, in dem wir mit Piero während seiner „Pause" sitzen: „Ciao, Fabio!" Die Milch ist da. Von der Fattoria Zoff, die wir schon vom exzellenten Biokäse kennen. Laura Zoffs Ehemann bringt einen der wichtigsten Rohstoffe, frisch gemolken, in großen, recht dünn wirkenden Plastiksäcken verpackt. Piero erklärt: „Auch hier haben wir die Verpackung komplett verändert. Wir sparen enorm viel ein, weil wir keine kleinen Gebinde mehr verwenden."

Wenn Träume wahr werden, gehen Liebe (zum Tun) und Nachhaltigkeit besonders durch den „süßen" Magen

Nun geht es ans Praktische, zur Fertigung: Auf dem Weg ins *laboratorio*, das Herzstück von Cocambo, gibt es noch den kleinen Kräutergarten zu bewundern. Erraten – die hier wachsenden Zutaten, hübsch anzusehen, landen in der Schokolade. Und in Pieros Patisserie. Denn für alles hier gilt: Null Farbstoffe, Konservierungsstoffe, Emulgatoren oder Gentechnik.

Ein Erlebnis ist seine kleine, feine Fabrik, die mitnichten an eine solche erinnert. Es ist alles Hand- und Maßarbeit, man spürt, dass an diesem Ort mit totaler Hingabe gearbeitet wird. Sein Anspruch: Man soll in seine Welt der Schokolade eintauchen können.

Ich möchte genau das am liebsten tun und hineinköpfeln in die Bottiche mit der warmen, duftenden Schokoladenmasse, die zähflüssig vom Werkzeug tropft. Doch bis es so weit ist, muss sie einige Maschinen passieren: Die rohen Kakaobohnen werden zuerst geröstet, geschält, zerkleinert, raffiniert … ach, man muss sich das nicht alles merken. Live erleben ist durch nichts zu überbieten. Auch für Kinder gibt es übrigens maßgeschneiderte Schokoschleck- und kleckskurse.

Und nicht zuletzt wird im *laboratorio* der Kaffee des Familienunternehmens Cocambo / Mosaico geröstet: Vier verschiedene Sorten werden zu speziellen Blends gemischt, die man gleich vor Ort, aber auch im Mosaico, genießen kann.

Stolz zeigt Piero abschließend seine professionelle Schauküche im ersten Stock: Dort bereitet Küchenchefin Elisabetta vor den Augen der Gäste die Speisen für Gruppenausflüge, Seminare oder Feiern zu. Salzige, wohlgemerkt.

→

Warme, duftende Schokolade darf im Rahmen einer Führung nicht nur von Kindern „geschleckt“ werden.

↓

Qualität und Herkunft der Kakaobohnen sind entscheidend für das fertige Produkt. Bei Cocambo steht im gesamten Betrieb die Nachhaltigkeit an oberster Stelle.

1 Al Granaio Bio

Einen alten Getreidespeicher hat Marco Marsoni zu einem gemütlichen Lokal auf zwei Etagen umgebaut. Auch im Freien ist es schön, das Granaio liegt mitten im Grünen, zwischen weiten Feldern. Auf der Speisekarte: Friaul-Küche – revisited. Modern, schick, mit regionalen, auch biologischen Zutaten wird hier gearbeitet. Herrliche Risotti, etwa mit Pilzen, Haselnüssen und frischen Feigen, sogar die k. u. k. Ableger Gnocchi di susine (Zwetschkenknödel, aber Achtung, hier ein Primo), Fleisch- und Fischgerichte, zauberhafte Dolci, überall wird Wert auf Details gelegt. Verlockend der Weinkühlschrank: Gleich beim Eingang rechts.

Ein Lieblingsplatz: neben dem Weinkühlschrank im Al Granaio.

2 Feresin

Gut gelegen, um auf dem Weg von Grado nach Hause noch Frisches einzukaufen. Seit 1960 ist der sympathische Familienbetrieb auf den Anbau von Obst, Gemüse und Blumen spezialisiert. Der Verkauf der großen Auswahl an saisonalen eigenen Produkten (Erdbeeren, Marillen, Bohnen, Paprika, Melonen, Gurken, Melanzani, Zucchini, Tomaten, Kartoffeln, Rüben usw.) findet direkt im Shop der Azienda statt.

3 Valpanera

Das zwischen Aquileia und Cervignano gelegene beeindruckende Gebäude verrät nicht zu viel: Das Weingut der Familie Baccichetto umfasst 50 Hektar, von denen die Hälfte mit Refosco dal Peduncolo Rosso bepflanzt ist: Eine der ältesten friulanischen Rebsorten ist das Flaggschiff von Valpanera.
Und es wird auch Essig produziert: Der „Elisir di Refosco“ wird aus reinem Traubenmost hergestellt und reift in Barriquefässern 3, 6 oder 12 Jahre lang. Köstlich in Salatdressings, zum Verfeinern von Fleisch und reifem Käse oder auf Eis und Erdbeeren. Gibt es alles im schönen Shop.

4 Molino Milocco

Ein besonderes Gustostück ist die Handwerksmühle in dritter Generation mit eigenem Geschäft. Letzteres betritt man über die Mühle selbst. Hier eröffnet sich ein kleines Paradies in großen Säcken: verschiedenste Mehle aus Getreidesorten wie Kamut, Senatore Cappelli oder Dinkel sowie Mehlmischungen für Pizza, dünn und knusprig oder hoch und fluffig, Maismehle von gelb bis rot. Dazu Hülsenfrüchte wie schwarze Bohnen, Cannellini, Schwarzaugenbohnen, Pferdebohnen, Kichererbsen, Linsen. Ebenfalls sackweise und damit offen zu kaufen gibt es beste Reissorten. Alles, was möglich ist, kommt aus nächster Nähe.

5 La Bonifica

Im Hinterland Grados lässt sich der Kühlschrank gut füllen. Die fruchtbaren Felder Fossalons sind das Ergebnis der Trockenlegungen nach dem Zweiten Weltkrieg. In unmittelbarer Nähe des Naturschutzgebiets Riserva della Val Cavanata befindet sich der Familienbauernhof mit Käserei. Hier gibt es täglich frische Milch, Mozzarella, Ricotta, Stracchino, Schnittkäse in verschiedenen Reifegraden. Ein köstliches Fastfood für zu Hause: Käse in Scheiben zum Grillen oder für die Pfanne, natur mit Kräutern oder Pfeffer. Und im Sommer lockt frisches Eis!

Degustare!

1 **Trattoria Al Granaio**
Via Tiel 24
33050 Fiumicello –
Villa Vicentina
www.algranaiobio.net

2 **Azienda Agricola Feresin Alessandro e Carlo**
Via San Lorenzo 4
33059 Fiumicello –
Villa Vicentina
www.aziendaagricola
feresin.it

3 **Società Agricola Valpanera di Baccichetto Paolo & C.**
Via Adriano Olivetti 52 int. 1
33059 Fiumicello –
Villa Vicentina
www.valpanera.it

4 **Molino Arturo Milocco**
Via San Lorenzo 52–56
33050 Fiumicello

5 **Azienda Agricola La Bonifica di Lubiana Sabrina**
Viale della Vittoria 14
34073 Grado

Der Boreto als Ende der Welt

→ Grados Fischgericht Nummer 1 macht glücklich

Boreto-Genussadressen:

Il Ristorantino

Lega Navale Italiana Grado
Via Aquileia 52
34073 Grado

Mandracchio Bistrot

Piazza Marinai d'Italia 10
34073 Grado

Trattoria De Toni

Piazza Duca D'Aosta 37
34073 Grado
www.trattoriadetoni.it

Das Reich eines Fischers in der Gradeser Lagune: eine kleine Insel, darauf ein Casone, davor ein paar Boote – *basta.*

22 **Lufttemperatur: 35 Grad. Der graublaue Himmel drückt die Schwüle nach unten.** Wir brausen mit natürlicher *aria condizionata*, einem kräftigen Fahrtwind, über die mehr oder weniger seichte Lagune vor Grado, vorbei an der Ponte Matteotti, die wir sonst vom Auto aus kennen. Wrrrrruuumm – die Wasserstraße zeigt wenig Verkehrsaufkommen und nach wenigen Minuten schnittiger Fahrt legt das kleine Fischerboot auch schon an. Unser Ziel, die heutige Koch-Location, verbirgt sich hinter struppigen Tamarisken. Davor ein paar Fischerboote – was „Mann" eben so braucht in dieser Gegend. Hier beginnt das Inselreich von einem, der schon sein Leben lang die kulinarischen Hoch-Zeiten Grados prägt: Roberto Camuffo. Es gibt kein nennenswertes Ereignis genussreicher Art, das nicht seine geschätzte Handschrift trägt. Neben gottvollem Kochen gehört übrigens das Fotografieren zu seinen besonderen Gaben, und musizieren kann er auch noch.

In seinem Casone, der ursprünglichen Fischerhütte auf einer kleinen Insel inmitten der Lagune, gerät der Tausendsassa in endloses Schwärmen, wenn er vom berühmtesten Gericht Grados erzählen darf: dem **Boreto**. „È la fine del mondo", ruft er mehrmals, „das Ende der Welt." Und meint damit: Dafür könnte ich sterben!

Pseudomodern würde man den Boreto als Signature Dish der Gradeser Küche bezeichnen. Die Geschichte drumherum ist lang, die Rezeptur simpel. Dennoch ist es – wie bei allen traditionellen Speisen – so, dass er erstens gekonnt werden muss und zweitens jedes Haus die „einzig wahre" Zubereitungsart im Köcher hat.

Der einzig Wahre

Der Boreto bezeichnet eine Art Fischeintopf, der aber keine Suppe ist. Meist finden sich in Küstengebieten riesige Kochtöpfe auf dem Herd, worin ein Allerlei aus Zwiebel, Gemüse und verschiedensten Fischarten schwimmt. In Grado verhält es sich dezenter. Zuallererst: Der Boreto kommt ganz ohne Tomaten aus. Dies deshalb, weil es ihn schon gab, bevor Amerika und damit die Tomaten entdeckt wurden – so sagt man. Außerdem gehört kein Mehl hinein, das wäre ein totaler Fauxpas – sagt Roberto.

Dass sich im Boreto hingegen Essig befindet, interpretiert er, der im Winter als Fischer in der Gradeser Lagune sein täglich Brot verdiente und im Sommer in den besten Restaurants Grados kochte, wie folgt: Einst nahmen die Fischer in ihre Casoni einfachen Wein mit, der sich nicht lange hielt. Eines Tages haben sie bei der Zubereitung ihres ebenso einfachen Essens statt Wasser wohl den zu Essig gewordenen Wein verwendet. Und er blieb. Dass Essig konservierende, garende oder „übertünchende" Funktion hat (wie auch Zitrone), wissen wir heute. Dass dies damals schon bekannt war, ist zu bezweifeln. Der Zufall hatte vielleicht auch einen höheren Sinn: Denn der frische, wohlschmeckende Fisch aus der Lagune wurde natürlich an die Herrschaft an Land verkauft. Dazu fuhr der sogenannte *battellante* in seinem Boot die Inseln der Lagune ab und holte den Fang, um ihn auf Rechnung der Fischer zum Markt zu bringen. Selbst aßen sie den Fisch, der aus „Frischegründen" nicht mehr verkäuflich war.

Im Grunde ist der Boreto also ein schlichtes und rasch zubereitetes Essen. Das verifizieren wir am Originalschauplatz, in Robertos Casone. Der Hausherr, ein echtes Gradeser Urgestein, verrät, worauf es ankommt: die richtige Hitze. Der Kochvorgang darf keinesfalls, etwa beim Aufgießen, unterbrochen werden. Und der Knoblauch muss schwarz werden ... Also, Schürze umgebunden!

Boreto alla graisana

Man benötigt: 70 ml Öl, 5 geschälte Knoblauchzehen, 2 kg Fisch in Stücken (aber keine Filets), viel Pfeffer (der kam mit Marco Polo aus Indien hierher, betont Roberto), grobes Meersalz, 125 ml Essig, kochendes Wasser.

So geht's: Das Öl wird bis zum Rauchpunkt erhitzt, dann kommt der Knoblauch dazu. Braten, bis er richtig schwarz ist, wieder herausnehmen. (Diese ersten Schritte macht man am besten bei weit geöffnetem Fenster – oder im Casone!) Dann die Fischstücke dazugeben und rundum anrösten, bis sie goldbraun sind. Mit reichlich Pfeffer würzen. Salzen. Mit dem Essig ablöschen, kochen lassen, bis dieser fast verdampft ist. Zu zwei Drittel hoch mit heißem Wasser langsam aufgießen, sodass der Siedepunkt nie unterschritten wird. Einige Minuten ziehen lassen, die Sauce sollte sämig sein. Dazu reicht man weiße Polenta.

Das Signature Dish der „goldenen Insel" Grado soll älter sein als die Entdeckung Amerikas. Nur wird heute frischester Fisch dafür verwendet

Während der Küchenchef mit ungebrochener Begeisterung seinen – ich zitiere – „siebenhundertsten" Boreto in der noch jungen Saison zubereitet, darf ich assistieren: Ich zupfe frisch geerntete **Salicornia** ab und muss darauf achten, nur die Spitzen zu nehmen. Der Queller, wie er auf Deutsch heißt, wächst am bzw. im Lagunenwasser und ist ein mineralstoffreiches Superfood. Als Gemüse zubereitet passt er hervorragend zu – Fisch.

Traditionell hat der Boreto wenig Sugo. In Restaurants wird er jedoch häufig mit viel Sauce serviert, weil die Gäste gerne „tunken", verrät Roberto noch. An Meeresgetier wurde und wird genommen, was gerade da ist. Egal, ob große oder kleine Fische, Taschenkrebse oder Garnelen, vieles ist möglich. Wir Glücklichen haben heute: **Lotregano** alias Goldmeeräsche, und **Asià** – Weißgefleckten Glatthai. Klingt gefährlich! Doch zu fürchten ist hier gar nichts. Vom Anfang bis zum Ende dieser kleinen Welt werde ich gehätschelt: Das stimmt mich sanftmütig wie die Katzen rund um Robertos Casone. Boreto gut, alles gut!

Die für den Boreto verwendeten Fische variieren, je nachdem, was die Lagune gerade
hergibt.

Ein Casone ist Arbeitsplatz
und zwischendurch auch Ort
der privaten Geselligkeit.

→

Die charakteristische lange Brücke vor Grado kennt man normalerweise vom Auto aus. Mit ein wenig Glück braust man im Boot daran vorbei – in die Lagune hinaus.

↓

Salicornia wird einfach mit Wasser, reichlich Essig und Zucker gekocht. Abgegossen, mit etwas Olivenöl verfeinert, fertig ist das Superfood aus der Lagune.

Ein Gradeser Tausendsassa mit Spitzenqualitäten: Roberto Camuffo ist Koch, Fischer, Fotograf, Musiker.

↓

→
Boreto schmeckt am besten mit weißer Polenta. Dazu getrunken wird nicht zu kräftiger Rotwein, zum Beispiel Refosco.

1 Al Timon

Vor sich den kühlen Schatten des Hotel Astoria, im Rücken die berühmte Promenade, die Diga. Ein Gastgarten lädt ein, Cosettas Fischküche zu genießen. Tochter Sarah liest einem förmlich die Wünsche von den Augen ab und freut sich unbändig, wenn Letztere sich beim Anblick der Speisen weiten: Antipasti misti mit Fisch und Meeresfrüchten, mit Liebe, Sorgfalt und „etwas anders" zubereitet. Die dampfende Pasta mit Pistazien und Garnelen oder die Scogliera, so üppig mit Fisch belegt, dass man das „Trägermaterial" darunter kaum sieht. Hausherr Enrico als gebürtiger Römer empfiehlt natürlich „seine" Pizza! Mein Tipp: Zwischendurch die hausgemachten Desserts in der Kühlvitrine besichtigen. Für den Fall, dass eine Pannacotta mit Pfirsichen aus Fiumicello oder ein cremiges Tiramisù im Gläschen noch ein Plätzchen im Magen findet. Das Gute ist, die Diga ist lang ... nur des Gewissens wegen!

2 Dolce Isola

Etwas versteckt, aber dennoch mitten in Grado liegt das modern und luftig eingerichtete süße Paradies, wo es auch *caffè* gibt. Eine Vitrine voller Mignons in allen Formen und Farben, darüber die beliebten Crostate, die Mürbteigtorten in verschiedensten Varianten, welch Freude allein der Anblick. Ich aber hatte nur Augen für das Regal voller Biscotti: Der zuvorkommende Mitarbeiter reichte mir gleich eines der großzügig dimensionierten „Sonnenkekse" zum Kosten – sie sind mit Santonego aromatisiert, dem Grappa mit Strandbeifuß (*Artemisia coerulescens*). Was für ein nettes Mitbringsel von der Sonneninsel! Meine Lieblinge: Die „Brutti ma Buoni" mit ganz vielen duftenden Piemont-Haselnüssen.

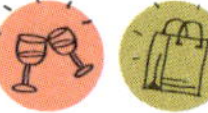

3 Campiello della Torre

Diese gepflegte Vinothek ist für mich ein verlässlicher Ort der Qualität und eine Art Fixstern in Grado: Sie hat nämlich das ganze Jahr über geöffnet. Die Weinauswahl ist top, die Stuzzichini sind schmackhaft und frisch, das Personal freundlich und kompetent. Drinnen ist es total gemütlich und das schätzen auch die Einheimischen. Der schöne Gastgarten ist wiederum ein guter Platz, um relaxed das Geschehen auf der kleinen Piazza zu beobachten.

In Grados Gastronomieszene herrscht durchaus Bewegung. Doch dann gibt es wieder wohltuende Beständigkeit – etwa im Campiello.

Einfach köstlich: die kreativen Fischgerichte im Timon.

Degustare!

1 **Al Timon**
Largo San Grisogono 6
34073 Grado
www.al-timon-trattoria-pizzeria.business.site

2 **Dolce Isola**
Via G. Caprin 44/46
34073 Grado

3 **Osteria Campiello della Torre**
Campiello della Torre 7
34074 Grado

→
Der alte Hafen ist nicht nur Hotspot für alle Grado-Fans, sondern auch Arbeitsplatz für die Fischer des traditionsreichen Adriaortes.

←
Besonders romantisch und etwas ruhiger lässt es sich mit Blick auf Lagune und Segelboote genießen – hier im Ristorantino (siehe Seite 138).

↓
Grado ist seit 120 Jahren fest im Herzen seiner Besucher:innen verankert. Selten hat ein Ferienort eine solch eingeschworene Fangemeinde.

→
Wer durch Grados Altstadt und die beliebte „Lokalmeile“ bummelt, kommt auch am Boreto nicht vorbei – er steht etwa bei Toni (siehe Seite 138) auf der Speisekarte.

Speciale

Schaumweine
Sprudelnder Zeitgeist

In Friaul-Julisch Venetien begannen in den 1960er- bzw. 1970er-Jahren zwei große Winzer-Persönlichkeiten mit der Versektung der Weine: Manlio Collavini und Pietro Pittaro.

23 **Rein aus der „alten“ Weingeschichte Friaul-Julisch Venetiens gibt es nicht viel über Sprudelndes zu erzählen.** Die Friulaner hielten sich traditionell immer an Handfestes, Bodenständiges. Der stille Wein zählte mit Sicherheit dazu – nicht aber jener mit den Bläschen darin, den *bollicine*!

Das hat sich allerdings in der neueren Geschichte der vergangenen zwei bis drei Jahrzehnte komplett geändert. Der internationale Erfolg der Bollicine, wie die Schaumweine keck genannt werden, ist durchschlagend. Begonnen hat alles mit dem eher billigen Prosecco, der ab den 1980er- und 1990er-Jahren in Italien durch die Kehlen floss. Der Lebensstil war im Wandel, man saß nicht nur bei Tisch, um Wein zu trinken. Das Leben wurde schneller und in mancherlei Hinsicht auch unkomplizierter. Der Weingenuss dafür demokratischer: Der Prosecco wurde zum leicht zugänglichen kleinen Luxus des Alltags, insbesondere Frauen liebten (und lieben) ihn. Der Alkoholgehalt ist mit 11,5 bis 12 Volumenprozent vergleichsweise niedrig.

2009 wurde der Prosecco in Italien mit den Qualitätssiegeln DOC und DOCG versehen – und ab da ging es steil mit ihm bergauf. Weltweit.

Das DOCG-Kerngebiet des Proseccos liegt in der Region Venetien. Von dem Hype rund um den Prosecco blieb aber auch Friaul-Julisch Venetien nicht unbeeindruckt. Noch dazu, wo hier der Ursprung der Prosecco-Traube (die heute offiziell als „Glera“ bezeichnet wird) liegt: im Örtchen Prosecco im Triestiner Karst.

Friaul-Julisch Venetien darf laut Weingesetz bei Prosecco das DOC-Label führen. Obwohl man hier den Anbau von Glera erhöht hat, liegt das Hauptaugenmerk auf der Verwendung autochthoner, aber auch internationaler Rebsorten als Grundweine.

Und wie kommen nun die Bläschen in den stillen Wein? Bei Frizzante wird recht einfach Kohlensäure zugesetzt. Dieses Verfahren ist in der Region weniger gebräuchlich. Bei der qualitätsvolleren Herstellung des Spumante setzt man vorwiegend auf die Charmat-Methode mit einer zweiten Gärung im großen Edelstahltank oder die Champagner-Methode, bei der die zweite Gärung mittels Hefe und Zucker in der Flasche angeregt wird. Letztere wird hierzulande Metodo Classico genannt. Je länger der Wein „auf der Hefe“ bleibt, desto feiner sind seine Bläschen. Sie nennt man in der Fachsprache Perlage, Mousseux oder auch Sparkling. Die empfohlene Trinktemperatur liegt durch die Bank bei circa sechs bis acht, maximal zehn Grad.

Bei unserer Annäherung nicht nur an die regionstypischen Weine, sondern auch deren sprudelnde Variante, geht es wie immer um den persönlichen Geschmack. Noch dazu bei dieser Vielzahl an Qualitätsproduzenten. Aber man kann ja einmal „irgendwo“ beginnen.

Bollicine!

Collavini

Feinster Ausdruck von Terroir und Fixstern am Sprudelhimmel ist der leuchtend strohgelbe Ribolla Gialla Spumante von Collavini. Eine besonders strenge Traubenselektion dieser autochthonen Rebsorte und eine 30-Mondphasen-Stahltankgärung machen aus dem Spumante ein fruchtiges und geschmacksintensives Trinkerlebnis mit eleganter Perlage.

Eugenio Collavini Viticultori
Via Ribolla Gialla 2
33040 Corno di Rosazzo
www.collavini.it

Livon

Das Weingut gehört zu den größeren Playern in der friulanischen Weinszene. Es umfasst Weinflächen nicht nur hierzulande, sondern auch in der Toskana und in Umbrien. Bemerkenswert: Der Fenis Ribolla Gialla Collio, ein Metodo Charmat, strohgelb bis leicht grünlich, blumig-fruchtiges Bukett, weich, frisch, elegant.

Azienda Agricola Livon
Via Montarezza 33
33048 Dolegnano
www.livon.it

Piè di Mont

Seit 2005 machen Paolo und Roman Rizzi, Vater und Sohn, ihren eigenen Metodo Classico: den Brut Piè di Mont, der zu 60 % aus Chardonnay, zu 20 % aus Pinot Nero und zu 20 % aus Ribolla Gialla besteht. Diese Anteile werden bereits im Weingarten festgelegt, wodurch der Wein ein echter Cru, also ein Einzellagenwein ist. Als Schaumwein bleibt er ganze drei Jahre auf der Hefe. Intensiver Duft nach Zitrusfrüchten und Kräutern. Auf dem Gaumen hat er Kraft und Leichtigkeit zugleich und einen schön trockenen und klaren Abgang.

Azienda Agricola Rizzi Piè di Mont
Via Monte Calvario 30
34170 Gorizia
www.piedimont.it

Edi Kante

Eine der schillerndsten Persönlichkeiten im Karst und Vorreiter rund um den autochthonen Wein ist Edi Kante. Ebenso ungewöhnlich ist sein feiner, eleganter, duftiger Metodo Classico namens KK. Er besteht aus Chardonnay und Malvasia und bleibt mindestens 12 Monate auf der Hefe. Er kommt ohne Dosage aus, d. h. ohne Weinlikör-Zufuhr, was ein herrlich trockenes Trinkerlebnis mit sich bringt. Der Malvasia verleiht ihm ein schönes Mandelaroma und interessante Salznoten, der Chardonnay

Fruchtigkeit. Besonders fein ist auch Kantes KK Rosé mit Waldbeerentönen, der Lust auf einen sonnigen Nachmittag mit Blick über die Triester Bucht macht.

Azienda Agricola Kante
Località Prepotto 1/a
34011 Duino Aurisina
www.kante.it

Puiatti

Den Wein in seiner ganzen „Reinheit" zu belassen, ist das Credo des Hauses. Die Puiatti-Spumanti sind charaktervoll, elegant und ausgewogen zwischen Frische und Struktur. Der Ribolla Metodo Classico Extra Brut bleibt 24 Monate auf der Hefe. Ihn kennzeichnet ein schönes Strohgelb mit grünlichen Reflexen und eine feine, lang anhaltende Perlage. In der Nase: Duft nach gelben Früchten und gelben Blüten. Auf dem Gaumen: Fülle und Frische. Ein Fall für alle schönen Momente!

Cantina Puiatti
Località Zoccole 4
34076 Romans d'Isonzo
www.puiatti.com

Pittaro

Bei Pietro Pittaro finden sich Chardonnay und Pinot Bianco, also internationale Rebsorten, als Basis zweier seiner herausragenden Produkte, dem Brut Etichetta Oro (60 Monate auf der Hefe) und dem Brut Etichetta Argento (30 Monate auf der Hefe). Alle seine Schaumweine werden mit Metodo Classico hergestellt. Sehenswertes Wein- und Glasmuseum.

Vigneti Pietro Pittaro
Via Udine 67
33033 Codroipo
www.vignetipittaro.com

Gigante

Adriano Gigante ist eine starke Weinpersönlichkeit in den malerischen Hügeln nahe der Burg Rocca Bernarda. Sein Spumante Brut Rosè besteht zu 100% aus Schioppettino. Die Farbe: Antikrosa. Feine Perlage. Der Duft erinnert an rote Früchte, Granatapfel und Grapefruit. Und sein cremiger Abgang lässt uns die Welt schließlich durch eine rosarote Brille sehen!

Adriano Gigante
Via Rocca Bernarda 3
33040 Corno di Rosazzo
www.adrianogigante.it

Blason

Die Geschichte des Weinguts ist eine typisch friulanische: Zunächst ein gemischter bäuerlicher Betrieb, verlagerte sich der Schwerpunkt immer mehr auf den Weinbau. Bemerkenswert ist unter anderem Giovanni Blasons Ribolla Gialla Brut (Metodo Charmat), der zu einem Teil in französischen Eichenfässern vergoren wird, bevor er im Stahltank 6 Monate auf der Hefe bleibt. Blumiges Bukett, gaumenumschmeichelnde, würzige Noten.

Azienda Agricola Blason
Via Roma 32
34072 Gradisca d'Isonzo
www.blasonwines.com

Cantina Produttori di Cormòns

Die Winzergenossenschaft in Cormòns ist eine große „Familie“: Seit 1968 machen 120 Mitglieder(familien) gemeinsame Sache. Und so gibt es eine unglaubliche Fülle an Qualitätsweinen, die man im ansprechenden Shop findet. Als Spumante gibt es etwa den hervorragenden Ribolla Gialla Extra Dry (Metodo Charmat), 6 Monate auf der Hefe, zartes Gelb, Duft nach Bananen und Karamell, klar strukturiert und dicht am Gaumen. Oder: Einfach kosten!

Cantina Produttori Cormòns
Via Vino della Pace 31
34071 Cormòns
www.cormons.com

Emilio Bulfon

Der Grandseigneur der historischen autochthonen Weine hat selbstverständlich auch in der Bollicine-Abteilung etwas vorzuweisen: Der Sciaglìn Brut Spumante besteht zu 100 % aus der weißen Sciaglìn-Traube, die nur in Pinzano al Tagliamento und Castelnovo del Friuli, am Fuße der Friulanischen Dolomiten angebaut wird. Bei der Weinbereitung werden die Trauben nur sanft gepresst und nach der Charmat-Methode veredelt. Dieser Spumante ist strohgelb mit grünen Reflexen, außerdem würzig-aromatisch, intensiv. Weich auf dem Gaumen, mineralisch.

I Vini di Emilio Bulfon
Via Roma 4
33094 Valeriano
www.bulfon.it

Piera 1899

Piera Martellozzo führt im Grave-Weinbaugebiet seit 30 Jahren ein beeindruckendes Weingut, das sie damals von ihrem Vater übernommen hat. 1998 wurde auf biologischen Weinbau umgestellt, seit den 2000er-Jahren produziert man Prosecco, aber auch Müller-Thurgau und Ribolla Gialla als Spumante. Der Onedis Ribolla Gialla Millesimato Brut ist ein nach Charmat-Methode hergestellter, im Glas strohgelb bis grünlich leuchtender Schaumwein der Spitzenklasse. Er duftet nach weißer Rose, Enzian und Akazie, auch nach weißem Pfirsich, Apfel und Birne bis hin zu Zitrusfrüchten. Auf dem Gaumen hat er eine angenehme Säure, die dem Wein Frische (und uns vielleicht Flügel) verleiht.

Piera Martellozzo
Via Pordenone 33
33080 San Quirino
www.piera1899.com

Modeano

Die Villa Bertuzzi-Ferrari, Sitz des Weinguts Modeano, befindet sich inmitten eines Parks mit schönem altem Baumbestand, rundherum liegen 32 Hektar Rebflächen. Besonders im Frühling möchte man hier vor allem eines – den Ribolla Gialla Brut Àvril verkosten. Er wird nach Metodo Charmat hergestellt und soll Assoziationen an das Aufblühen wecken: eine frische Brise, Frühlingsdüfte und bunte Blumen. Besonders schön kommen die Zitrusnoten der Rebsorte hervor.

Azienda Agricola Vialetto Gabriele
Via Casali Modeano 1
33056 Palazzolo dello Stella
www.modeano.it

Vie d'Alt

Ein seit 100 Jahren tief in der friulanischen Erde verwurzelter Familienbetrieb, mit Frauen in der Mehrheit. Die drei Juniorchefinnen geben mehr oder weniger den Ton an – und lassen sich gerne vom elterlichen Know-how unterstützen. Für ihren Spumante Ribolla Gialla Extra dry wird das abgerebelte Traubenmaterial im Stahltank kalt vergoren, dann sanft gepresst. Anschließend bleibt der Wein im großen Tank 2 bis 3 Monate auf der Hefe. Strohgelb, fruchtig, feinperlig.

Vie d'Alt
Località Croaretto 16
33040 Prepotto
www.viniviedalt.it

Dario Coos

Schon im 19. Jahrhundert begann Familie Coos auf den Hügeln von Ramandolo Wein anzubauen. Die nur 10 Hektar werden noch per Hand gelesen – auf den steilen Terrassen wäre das auch gar nicht anders möglich. Unter anderem gibt es dort den feinen Blanc de Blanc Extra Brut, einen Metodo Classico auf Chardonnay-Basis, der lange auf der Hefe bleibt. Charakteristisch sind sein Duft nach frischer Brotkruste, eine schöne Würzigkeit auf dem Gaumen – Trockenfrüchte zählen zu seinen komplexen Aromen. Kurz: Vollmundig, elegant.

Azienda Agricola Dario Coos
Via Ramandolo 5
33045 Nimis
www.dariocoos.it

Die Magie der Natur

→ Eine Schifffahrt mit dem Battello Santa Maria

Santa Maria s.a.s. di Pavan Nico & C.

Contrada Rialto 15
33050 Marano Lagunare
www.battellosantamaria.it

Das malerische Fischerörtchen Marano Lagunare gilt als größter Fischereihafen Friaul-Julisch Venetiens.

24 **Die Luft ist knackig-frisch, der Winterhimmel freundlich – und die blitzweiße Santa Maria erwartet uns schon, davor ein lächelnder Mann.** Wie über den Laufsteg dürfen wir gleich auf das Schiff tänzeln.

Es geht von Marano Lagunare in die Lagune, genauer bis in die Einmündung des Flusses Stella, in ein Naturjuwel der besonderen Art. Ich bin schon zum dritten Mal auf dem Battello Santa Maria dabei – und sicher nicht zum letzten Mal. Selten sind sich Natur und Kulinarik so nah.

Marano Lagunare selbst ist wie eine Reise in eine andere Welt: Mit seinen nicht einmal 2.000 Einwohnern nimmt es auf der Ausflugslandkarte der Friulaner keinen großen Platz ein. Dabei ist es eines der letzten hübschen Fischerdörfer. Es hat schöne, venezianisch anmutende Gässchen – blumengeschmückt wie bei Cousine Grado – und eine weitläufige Piazza mit einladenden Lokalen. Wirtschaftlich hat es Marano Lagunare faustdick hinter den Kiemen: Die Gemeinde zählt 240 Fischereibetriebe und ist der größte Fischereihafen Friaul-Julisch Venetiens.

Das Battello Santa Maria

Kapitän auf unserem blitzblanken 20-Meter-Motorschiff mit Platz für bis zu 120 Personen ist der so freundlich lächelnde „Empfangschef“: Nico Pavan. Ein wahrlich vielseitiger Mann: Er, Jahrgang 1975, besuchte einst das Istituto Tecnico Trasporti e Logistica Venier in Venedig, eine italienweit führende Seefahrtsschule, und ist bis heute als Nautiklehrer tätig. Nach Jahren in Venedig kam er zurück in heimatliche Gefilde und heuerte als Mitarbeiter der Naturschutzgebiete Foci dello Stella und Valle Canal Novo an. Aus dieser Zeit hat er sein Wissen in Sachen Flora und Fauna der Lagune mitgebracht, das ihm und vor allem uns als seinen Passagieren heute zugutekommt.

Seit 2008 bietet er nämlich eine innovative Art von Bootsausflügen an. Beinahe das ganze Jahr über gibt es Programm mit Abfahrten aus Marano Lagunare, aber auch aus Grado und Aquileia. Sehr schön: die romantischen Abende bei „Laguna Jazz“ im August, an denen der sommerliche Augen- und Gaumenschmaus mit Livemusik untermalt wird. Im Herbst und Winter heißt das Programm „Laguna in tecja“ – die *tecja* ist im Friulanischen die Rein, also ein traditionelles Küchenbehältnis. Und diese *tecja*, so viel kann ich versprechen, ist immer gut gefüllt mit paradiesischen Köstlichkeiten. Da lässt es Nico an nichts fehlen.

Denn Kochen kann er nämlich auch! Das hat er sich in der Lagune, in der Fischerhütte seiner Familie angeeignet. „In so einem Casone lernt man für das Leben“, betont er. Schon der Vater war Fischer und überhaupt alle Verwandten haben mit Meer und Lagune zu tun. Und mittlerweile helfen *Mamma* und *Papà* ihm – an Land bei den Vorbereitungen zu den Ausflügen.

Ferne Hotelbauten und nahes Vogelparadies

Das Battello Santa Maria nimmt zunächst die Wasserstraße Richtung Lignano, es ist alles gut beschildert. Vor dem Bug am milchig-grauen Horizont räkelt sich die Skyline von Lignano Sabbiadoro mit den in den Himmel ragenden Hotelbauten. Der Blick zurück zeigt den sich rasch entfernenden schmucken Campanile von Marano. Er stammt aus dem Jahr 1031 und ist damit ein fast 1.000-jähriger Zeuge historischer „nachhaltiger" Baukunst, errichtet vermutlich von Popone, dem Patriarchen von Aquileia. Richtung Norden die frisch verschneite Bergkette der Karnischen Alpen. „Das ist das Besondere an Friaul. In einer Stunde von der Skipiste in die Lagune. Wo gibt es das sonst noch?!", macht Nico mitten auf dem Wasser Lust auf sein Land. Das Gemeindegebiet von Marano liegt übrigens nur zu 5 Prozent auf dem Festland und zu 95 Prozent auf dem Wasser!

Natur und Kulinarik gibt es auf dem Battello in einzigartiger Symbiose. Die Kulisse macht die Lagune – und ein Mann für alle Fälle

Nico ist in seinem Element und beginnt über das Mikrofon mit seinen (Liebes-)Erklärungen zur Natur der Lagune von Marano. Rechts und links des Boots erblickt man im Wasser die *serraglie,* die Netzanlagen der Lagunenfischer. Sie entsprechen der alten, traditionellen Fischfangtechnik in diesem Gebiet. Manchmal flattern Blesshühner oder Wildenten auf. Etwas weiter weg schaukeln Schwangruppen auf dem Wasser. Und in einem trockenen Baum hockende Möwen heben sich mit ihrem strahlenden Weiß vom monochromen Graubraun der Wintervegetation ab.

Besonderer Lebensraum Lagune

Auffällig sind die breiten Gürtel aus Schilfrohr – *cannuccia palustre* –, ein wichtiger Rastplatz für Zugvögel auf dem Weg von Skandinavien nach Afrika und wieder zurück. Die einmal höheren und einmal niedrigeren Pflanzen geben nun unseren Fahrweg vor. Fachleute erkennen an der Wuchshöhe, ob Salz- oder Süßwasser vorherrscht. Schließlich schippern wir in einem besonderen Gewässer: Die Lagune ist kein See, aber auch kein Meer. Hier vereinen sich Fluss und offenes Meer zur *acqua salmastra,* dem Brackwasser, und bilden so einen wertvollen Lebensraum für Fische, Wasservögel und Wasserpflanzen. Zwei Mal pro Tag wird das gesamte Wasser der Lagune durch die Gezeiten ausgetauscht.

Die Lagune von Marano ist seit 1979 ein sogenanntes Ramsar-Schutzgebiet und damit von internationaler Bedeutung. Von etwas mehr als 600 Fischarten, die es in Italien gibt, leben mehr als zwei Drittel hier in Marano. „Das ist der wahre Reichtum der Lagune: die Biodiversität!", schwärmt Nico mit stolzer Brust und leuchtenden Augen. Und setzt nach: „Die Magie der Natur!"

Ein Dorf aus Casoni

Um die flache Lagune vor der Naturkraft der einmündenden Flüsse zu schützen, es sind gleich sechs an der Zahl, hat man Dämme gebaut: Diese erkennen wir an den Reihen aus Tamarisken, die dort Wind und Wetter trotzen. Und wenn man mit dem Schiff unter den mächtigen *bilance* durchfährt, das sind Hebenetze, die hoch über dem Wasser in der Luft baumeln, darf man sich von ihrem historischen Anschein nicht täuschen lassen: Sie dienen lediglich der Sportfischerei – und dem Fang fürs Abendessen.

Wir nähern uns einem Casone, nein, einem ganzen Dorf davon! Die niedrigen Häuschen stehen auf kleinster Landfläche und sind nur über den Wasserweg erreichbar. Gedeckt und oft ummantelt mit dem allgegenwärtigen Schilfrohr, waren sie früher einfachste Fischerhütten. Frühmorgens ruderten die Männer selbst bei Wind und Wetter aus Marano mit ihren *battele,* den flachen Lagunenbooten, herbei. Dann gingen sie den ganzen Tag dem Fischfang nach – und ruderten abends wieder zurück. Ein hartes Brot. Motorbetriebene Boote gibt es hier erst seit den 1960er-Jahren.

In der Maraneser Lagune stehen noch etwa 45 Casoni, heute sind sie Schauplätze von Geselligkeit und feuchtfröhlichen Festen: Da wird gegrillt, was das Zeug hält. Die Casoni sind im Besitz der Gemeinde Marano Lagunare und werden es auch für immer bleiben, ist man überzeugt. Zwar dürfen die Hütten innerhalb der Familien seit Generationen weitergegeben werden – aber dazu gibt es keinerlei Verträge. Es geht einzig und allein um den Erhalt des Kulturerbes. So gibt es klare Spielregeln: Wer ein solches Casone hat, muss sich um seine Pflege kümmern, und zwar auf eigene Kosten. Des Weiteren ist die Kommerzialisierung wie die Vermietung für touristische Zwecke streng untersagt. Das heißt, was hier an Geld und Zeit hineingesteckt wird, ist ein Investment in die Tradition. Rentabilität ist nicht das Thema.

Das Menü ist saisonal

Meine Finger sind schon klamm, ich konnte es mir nicht entgehen lassen, im Freien, auf dem Oberdeck, erneut den Ausführungen zu lauschen. Den Dezemberfahrtwind habe ich mit Haube und dicker Kapuze abgehalten. Und weil Nico abseits seiner Ernsthaftigkeit gerne ein Scherzchen auf den Lippen hat, verspricht er uns, dass es jetzt bald etwas Salami gibt. Kurzes Innehalten – erleichtertes Lachen rundum. Schließlich drehen sich all unsere kulinarischen Gedanken seit Stunden nur um eines: Fisch.

Irgendwo im Bauch des Schiffes schlüpft der Kapitän, Ranger und Entertainer rasch in die Kochkleidung mit lässiger Mütze und Schürze. Sein nächstes Ziel, sobald wir mitten in der Lagune Anker werfen: Die erwartungsvollen Gäste mit den essbaren Highlights dieser kleinen, absolut schützenswerten Zauberwelt zu beglücken.

„Der Fisch, den wir an Bord anbieten, hat zum Großteil nie Land gesehen." Von Boot zu Boot läuft hier die Lieferkette. Alles superfrisch und grandios appetitlich. Das Menü des jeweiligen Ausflugs ist stets einem Fischthema gewidmet, je nachdem, was gerade Saison hat: **Mazzancolle** (autochthone Mittelmeergarnelen), **Aal, Calamari, Cozze, Rombo** (Steinbutt) oder sogar seltener **Thunfisch**. Heute gibt es: **Canoce** alias Heuschreckenkrebse. Die genüsslichen Programmdetails entnimmt man im Vorfeld der Internet- oder Facebookseite: Auch dabei ist Nico firm.

Must-have für Fischliebhaber

Nach all den wissenswerten Erläuterungen haben wir „Seefahrer" richtig Appetit bekommen: *Pranzo* – Mittagessen! Da schwebt auch schon eine ansehnliche Platte herbei ... Darf es ein Crostino sein? Mit **Baccalà mantecato**, Stockfischcreme. Oder eines mit Kürbiscreme, obenauf Sardelle. Gleich kommt auch Prosecco in Karaffen, Wasser, und es gibt gar Bier, wie der Zapfhahnaufschrift zu entnehmen ist. Aus der Kombüse bringt der Kellner die nächsten Platten: Die zarten Canoce, einmal gekocht, mit Rucola und Granatapfelkernen, im nächsten Gang gratiniert. Dann als **Boreto** mit leichter Kartoffelcreme und in Folge als **Linguine alla Busara**. Als Krönung gibt es eine „kleine" (Zitat Nico), unvergleichlich knusprige **Frittura mista** aus dem frischesten Getier, das die Lagune zu bieten hat: Garnelen, Calamari, Rotbarben, Sardinen, Merlane, eine Mini-Seezunge. Alles nach traditionellen Hausrezepten zubereitet und ohne unnötiges Chichi. Der Himmel über der Lagune ist uns gnädig!

Dass Fisch so durstig macht?! Der Prosecco fließt zügig die Kehlen hinunter. Zum Abrunden bringt man uns ein Stück süße **Crostata** von der *Mamma* und Kaffee, an Bord in der original Bialetti-Moka zubereitet. Und wer noch mithält: Zum Ausspülen der Tasse, für den *resentin*, folgt bester Grappa aus Aquileia. Authentisch bis zum allerletzten Menüpunkt.

Anker auf!

Nun ist der Moment für den geordneten Rückzug gekommen. Der Wasserpegel der Lagune ist, im Gegensatz zum Lärmpegel im Salon, in der Zwischenzeit gesunken. Sechs Stunden, das heißt jetzt: Ebbe. Diese macht Vitto, dem *comandante* am Steuerstand, beim Anlegen zurück im Hafen von Marano Lagunare zu schaffen. Der Matrose, vorhin noch der „Souschef", wirft die Leine aus, um die Santa Maria festzumachen. Nichts da, sie löst sich, der zweite Matrose, der „Kellner", springt auf die Mole, will helfen. Vitto schaut stirnrunzelnd hinüber. Rückwärtsgang, Vorwärtsgang, der Motor dröhnt, das Wasser wirbelt auf. Das Manöver kratzt sichtbar an Vittos Ehre, nach dreißig Jahren Berufserfahrung. Ein zweites Mal die Leine, jetzt hält sie. Alles festgezurrt. Das Heck nähert sich der Mole. Endlich kann das Fallreep angelegt werden. Dann noch in der Schiene einrasten lassen – nun zeigt es steil nach oben! Ein Meter und zwanzig Zentimeter machen den Unterschied. So viel beträgt die Höhendifferenz zwischen An-Bord- und Von-Bord-Gehen an derselben Mole. Überhaupt im Winter, in der Hochwasserperiode, erfahre ich noch zum Abschluss. Dann wird nicht mehr getänzelt: Wir klettern heil und heiter von Bord. Nico strahlt. Ziel erreicht: *Tutti felici*!

Mit dem Motorschiff Battello Santa Maria bringt Capitano Nico Pavan das ganze Jahr über Gäste ins Naturparadies von Marano Lagunare.

Je nach Route geht es vorbei am Casone-Dorf bis zur Einmündung des Flusses Stella

Die Kombüse auf dem Battello Santa Maria ist stets gut gefüllt. Wobei die Lieferkette des fangfrischen Fisches so funktioniert: Von Schiff zu Schiff. Hier: köstliche *canoce* – Heuschreckenkrebse.

Die mächtigen Hebenetze dienen der Sportfischerei – und als attraktives Fotomotiv.

1 Bortolusso

Der traditionsreiche Familienbetrieb mit großzügigem Anwesen an der Straße nach Marano Lagunare, und damit knapp vor der Lagune, punktet mit Gastfreundlichkeit, vernünftigen Preisen – und einer unglaublich breiten Palette an Weinen, die auf 45 Hektar entstehen. Da ist für jeden Geschmack etwas dabei! Alle wichtigen autochthonen und internationalen Weiß- und Rotweinsorten, dazu Spumante in Weiß und Rosé. Samstagvormittags gibt es freie Verkostung, man kann sich gleich selbst bedienen. Schön ist es, durch den sehenswerten Weinkeller zu wandeln – am besten mit einem Glas Wein in der Hand.

Die Lagune dominiert in Marano das Leben. Sogar die Weine werden von ihr beeinflusst, besonders dort, wo die Rebstöcke in ihr wurzeln.

Stammkunden kommen mit eigenen Gebinden – den guten alten *damigiane*.

Degustare!

1 **Azienda Agricola Cav. Emiro Bortolusso**
Via Oltregorgo 10
33050 Carlino
www.vinibortolusso.it

Junggebliebener Fleischer sucht Nachfolger

→ Einer der letzten Handwerker seines Fachs

Macelleria Valentino Zanin

Via Tagliamento 10
33030 Camino al Tagliamento

Für die großartigen Produkte von *macellaio* Zanin sorgen Handarbeit, Hingabe – und der perfekte Schimmel.

25 **Im 1.600-Seelen-Örtchen Camino al Tagliamento kann man sich leicht irren. Denn wer glaubt, es gebe eh nur „den einen" *macellaio* Zanin, schneidet sich gewaltig.** Also Obacht auf die genaue Adresse! Bei Fleischermeister Valentino Zanin hat man hingegen gleich das Gefühl, dass er weiß, wo es langgeht. Jedes Detail in seinem Reich der **Insaccati**, also der Wurstwaren, ist wohldurchdacht und wird auch so kommuniziert. Nach sagenhaften 50 Jahren einschlägiger Berufserfahrung trägt er das Know-how in jeder Faser. Das lässt Vertrauen aufkommen.

Von der Stärke der natürlichen Schimmelschicht auf den Salamistangen, die wie der Naturdarm für die richtige Reifung sorgt, bis hin zum Mauerwerk mit zwei verschiedenen Ziegelarten aus Tagliamento-Sand und -Stein in den Reiferäumen. Jedes Wort und jeder Handgriff sitzen wie das himmelblaue Netzhäubchen, das ich als Besucherin tragen muss. Oder wie der blütenweiße Arbeitsanzug des Fleischers „mit Leib und Seele", wie er betont.

Ohne „persönliche" Technik geht gar nichts

Das längst perfektionierte Temperaturregelungssystem der verschiedenen Reifekammern beruht auf „trial and error". Es braucht die richtige Belüftung und natürlich die richtige Temperatur. Der Sensor an der Decke sagt Valentino, wenn er „Kälte zuführen" muss. Oder eben das Gegenteil. Die Luftfeuchte beträgt jedenfalls an die 90 Prozent. Seine Begeisterung für Technik ist beeindruckend, wenngleich er sagt: „Meine Maschinen sind teils 50 Jahre alt, die neuen stehen ungenützt im Lager. Natürlich gibt es modernere Anlagen. Aber die machen anonyme Produkte."

Noch nie zuvor habe ich Schimmel so schön gefunden, wahre Kunstwerke in verschiedenen Stadien türmen sich auf den einmal dickeren, einmal dünneren Stangen von **Salami**, auf **Ossocollo, Costa, Fiocco** oder **Pancetta**. Himmel, sieht das höllisch gut aus! Wenn man weiß, dass der perfekte Schimmel Voraussetzung ist, um am Ende feinste Ware zu erhalten.

Jahrzehntelanges Tüfteln ist der Nährboden für die Exzellenz, die Valentinos Fleisch- und Wurstprodukte offenbaren. Nischenprodukte in einer Marktnische. Für die Salami und die **Soppressa** wird bei ihm nur ein ganz bestimmter Fleischteil verwendet, zwischen Schulter und Speck. Wir dringen also schon zu den streng gehüteten Firmengeheimnissen vor! Und: So gekonnt wie er arbeitet, ist er einer der Letzten seiner Zunft.

Liebevoll werden die Salamistangen in einer Zeitspanne von zwei, drei Monaten bis zu eineinhalb Jahren auf ihren Fortschritt hin beäugt. Auf ihren rollbaren Gestängen hängend reihum verschoben und am Ende noch gebürstet, bevor sie in den Verkauf gelangen können. Die Schinkenkeulen hingegen werden von Hand massiert, und zwar jeden zweiten Tag. Dazu verwendet Valentino Salz aus Sardinien, weil es das „wahrscheinlich reinste des Mittelmeeres, vielleicht der ganzen Welt" ist.

Ungezählte Mitarbeiter

Das Team um den Fleischermeister ist klein, unter anderem arbeiten zwei seiner Kinder ein wenig mit. Doch im Verborgenen umfasst es eine ganze Heerschar, nämlich eine Art von Lebewesen, die wir zu Hause gar nicht schätzen: Milben. Sie sind essenzielle Helferlein, zumal sie dafür sorgen, dass ab einem bestimmten Reifestadium der Schimmel auf Würsten oder Prosciutto wieder verschwindet. Sie schmausen und schmausen, dass es eine Freude ist. „Wehe, wenn es sie nicht gäbe …“

Das Fleisch für die Insaccati kommt aus Friaul oder aus dem östlichen Venetien, also gleich hinter der Regionsgrenze. Denn Valentino arbeitet fast ausschließlich nach dem *Kilometro-zero*-Prinzip. Der handverlesene, zertifizierte Pfeffer, den er verwendet, stammt zwar aus Indien. Aber der gute Rotwein, ebenfalls Bestandteil der Würste, kommt aus der Gegend und der rare Bergknoblauch aus dem Resiatal. Und sonst – wächst überhaupt gleich vieles gegenüber dem Geschäft.

Viel Gemüse und ein Chimichurri

Hinter dem alten Gemäuer mit dem knarrigen Tor tut sich eine neue Welt auf: In seinen Garten, der vielmehr einer Plantage gleicht, zieht es Valentino, wenn er Abstand braucht. „Ich bin wirklich verrückt. Selbst eigenes Gemüse wie Zwiebel, Knoblauch, Tomaten und Sellerie kommt bei uns in fertige Gerichte wie **Kutteln, Lasagne** oder **Spießchen mit Caponata**.“ Außerdem sprießen da noch die schönsten Fenchel, Artischocken und Radicchios. Neben einer Vielzahl an Tomatensorten, von gelb bis violett, die in Zöpfen an den Stauden hängen. Und die roten, bodennahen? „Die sind für die Salsa, die wir machen, denn sie haben wenig Wasser.“

Der Herr der Insaccati lüftet gerne so manch Geheimnis. Und bittet in die Reiferäume der fleischgewordenen Spezialitäten

Und schließlich wäre da noch die Geschichte des Chimichurri: Gar das Mariniergewürz für Valentinos beliebte entbeinte **Coste**, Ripperln, wie wir sagen würden, hat einen charmanten Hintergrund. Ein Argentinier soll es in den 1960er-Jahren in ein Nachbardorf gebracht und damit sein Asado gewürzt haben. Der Erfolg war bahnbrechend. Ab da traten die Coste ihren Siegeszug auf den *sagre*, den Dorffesten an, wo sie nach wie vor unter den typischen Rauchschwaden dem Verzehr nähergebracht werden. Davor war der Fleischteil der Rippe in Friaul traditionellerweise nur für Wurstwaren, wie bei Valentino bis heute, verarbeitet worden. Und bei den *sagre* gab es Brot, Polenta und Käse, *basta.* Kein Fleisch.

Apropos: Wie ernährt sich eigentlich ein so schlanker und jugendlicher Fleischermeister? „Ich verzichte lieber auf Brot, Pasta und Süßes. Und meine Blutfettwerte sind perfekt.“

Die Rezeptur des Chimichurri wurde übrigens dank seiner Initiative für die Ewigkeit gesichert – und so darf Valentino die berühmte, diesfalls streng geheime Mischung aus Rotwein, Salz und Kräutern in seinem Geschäft verkaufen.

Vergangenheit und Zukunft

Valentinos Stolz gilt auch den Vorfahren: Der Begründer der hiesigen Zanins war zunächst einfacher Tischler – jedoch mit höheren Ambitionen: Hinter der nunmehrigen Fleischerei befand sich die Werkstatt, in der Anfang des 19. Jahrhunderts schließlich sogar Orgeln entstanden. Heute sind Zanin-Orgeln weltweit gefragt, es gibt sie unter anderem im Salzburger Dom. Man versteht allmählich, der Erfindergeist hat hier solide Wurzeln.

Traurig wird Valentino nur, wenn er an die Zukunft denkt. Wer wird hier weitermachen? Mitarbeiter finden sich nicht mehr. Zu gerne würde er alles geordnet einem Nachfolger übergeben. Das über Jahrhunderte entstandene Wissen seines Handwerks wird in 50 Jahren weg sein, ist er überzeugt. „Die Jungen machen ein Universitätsstudium und haben ganz andere Berufe. Und jene, die nicht studieren, wollen zwar die Arbeit, doch nicht zu viel, eher das schnelle Geld. Hier darf man aber nicht die Stunden zählen, für dieses Handwerk braucht es einfach ganz viel Liebe. Und dann kommt man nicht mehr los davon." Zum Glück. Und Valentino hat mir versprochen, „nie" in Pension zu gehen.

Friulanische Salami wird gerne weich und dicker handgeschnitten verzehrt. Dazu ein Stück Weißbrot – fertig ist das köstliche Mahl.

1 Ferrin

Im ebenen Umland des Tagliamento, im Herzen Friauls, liegt das großzügige Weingut von Paolo und Fabiola Ferrin. Stets wird man freundlich empfangen, und sei es manchmal zur „unchristlichen" Zeit an einem verregneten Samstagabend. Bei den Ferrins wird schon seit drei Generationen Wein gemacht – und was da auf 12 Hektar alles gedeiht! Friulano, Verduzzo, Chardonnay, Sauvignon, Pinot Grigio, Ribolla Gialla, Refosco dal Peduncolo Rosso, Merlot, Cabernet Franc, Cabernet Sauvignon, Pinot Nero und Glera. Aus diesen Rebsorten werden die Weine teils klassisch im Stahltank ausgebaut, teils in Holz vinifiziert. Für Liebhaber des Sprudelnden gibt es drei verschiedene Spumanti, alle in Charmat-Methode hergestellt.

Der großzügige Garten der Ferrins bietet genügend Winkel, um in der Natur zu „baden".

2 Forchir

Mit 260 Hektar Rebfläche gehört Forchir zu den Big Playern in Friaul. Familie Bianchini stellt ihre Weine „im Zeichen der Biene" her: Das Qualitätssiegel SQNPI zeigt uns Weingenießern (alias Konsumenten), dass hier nach strengen Nachhaltigkeitskriterien gearbeitet wird. Das hypermoderne Weingut ist energieautark, setzt auf Gründüngung und bewässert mit wassersparender Tröpfchentechnik. Eingebettet in die Weingärten des Tagliamento-Flachlands spielt es alle technischen Stücke in Sachen Vinifikation, selbst ein Qualitätslabor gibt es im Haus. Ausgebaut werden die Weine – mit Schwerpunkt auf autochthone Rebsorten wie Friulano, Ribolla Gialla und Refosco – vorwiegend in großen Stahltanks. Juniorchefin Giulia ist auch stolz auf die Palette an Schaumweinen, von Ribolla Gialla Brut Nature, Prosecco Extra Dry bis hin zu Prosecco Rosé. Aus resistenten PIWI-Rebsorten gibt es die beiden Cuvées Èthos (weiß) und Kalòs (rot). Und last but not least: Das Preis-Leistungs-Verhältnis finde ich ebenfalls vorbildlich.

  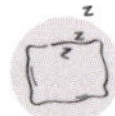

3 Vendrame

Im Weinkeller des Familienweinguts parliert Elia, der Seniorchef, verschmitzt in einem venezianischen Dialekt. Wie gut, dass der Wein für sich spricht! Sohn Gino, Firmenchef und Önologe, erzählt überschwänglich von der Geschichte seines Grund und Bodens vor den Toren der historisch bedeutsamen Villa Manin. Wer ein Faible für außergewöhnliche Etiketten hat, wird darauf eine modernisierte Version der einst prachtvollen Gärten der Villa entdecken. Der letzte Doge Venedigs war Lehengeber der Vendrames gewesen. Auf 50 Hektar baut die Familie auf traditionelle friulanische Rebsorten wie Refosco, Friulano, Ribolla Gialla, Glera und Verduzzo Friulano. Die Vinifizierung erfolgt hauptsächlich im Stahltank. Im kleinen Barriquekeller bekommt der Moro, eine dichte Cuvée aus Refosco und Merlot, den Feinschliff. Alle Weine sind vegan und tragen die „Biene", ein Nachhaltigkeitssiegel.

Viele Rebsorten bedeuten viel Arbeit. Doch mit Hingabe führen auch die jungen Winzer die Tradition fort.

Forchir, ein Big Player unter den Winzern, ist nachhaltigkeitszertifziert. Jungwinzerin Giulia Bianchini ist stolz darauf.

Degustare!

1 **Azienda Agricola Paolo Ferrin**
Casali Maione 8
33030 Camino al Tagliamento
www.ferrin.it

2 **Forchir Viticoltori in Friuli**
Località Casali Bianchini 2
33030 Camino al Tagliamento
www.forchir.it

3 **Azienda Vendrame Vignis del Doge**
Via Cartiera 14/b
Frazione Passariano
33033 Codroipo
www.vendramevini.it

Der Nachmittag im Feigengarten

→ Eine schwarze Feige als Inbegriff des Genusses

Veranstaltungsort des Feigenfests

Villa Frova
Piazza San Marco 3
33070 Caneva

Frisch geerntet und perfekt gereift – Genießerherz, was willst du mehr?

26 **Vielleicht liegt es an der urmenschlichen Erinnerung, dass da einst ein paradiesischer Garten namens Eden war. Und dass dort Feigenbäume zur „Erkenntnis" geführt haben sollen.** Immer wieder fühle ich mich von Feigen in ihrer ganzen Bandbreite wie magisch angezogen: ihr Äußeres von matt bis glänzend, von Grün bis Dunkelviolett und Schwarz, einmal dickbauchig, dann wieder schlank. Und ihr Inneres regt bekanntlich so manche männliche Fantasie an, weswegen sie allerorts mit der profunden Weiblichkeit assoziiert werden.

Im saloppen italienischen Sprachgebrauch ist die Feige als *la figa* nicht nur eine attraktive Frau, sondern beschreibt als *figata* einfach alles, was cool, chic, lässig oder, ja, auch geil ist.

Für mich zählt es zu den erbaulichsten Dingen, mich an Feigen so richtig satt zu essen. Sie nicht zählen oder wiegen zu müssen, sondern mich der Fülle eines Feigenbaums hingeben zu dürfen, ohne Hemmung draufloszuschmausen und die verschiedenen Reifegrade der einzelnen Früchte zu erschmecken.

Das Feigenfest

So ein Augustnachmittag in Caneva, ganz im Westen Friauls, schon an der Grenze zur Nachbarregion Venetien, fühlt sich an wie ein Besuch im Paradies. Anlass ist das Fest zu Ehren des „FigoMoro da Caneva", der schwarzen Feige von Caneva. Es wird jedes Jahr zur Erntezeit der Früchte in der Villa Frova abgehalten. Der Termin wird ziemlich kurzfristig angesetzt, Mutter Natur lässt sich nicht planen: Facebook hält uns Fans auf dem Laufenden. Der beste Zeitpunkt für die Ernte ist abhängig von Hitze, Kälte und Feuchtigkeit der zurückliegenden Monate.

Aber dann, wenn es so weit ist, heißt es durchstarten! Die Feigen mit der zarten schwarzen Schale, die man natürlich mitzuessen hat, dulden keinen Aufschub. Tagesfrisch werden die Früchte nach sorgfältigsten Qualitätskontrollen an die Handelspartner geliefert. Naheliegende Supermärkte sind freudige Abnehmer, schließlich haben sie so ein erstklassiges und einzigartiges Qualitätsprodukt in ihrem Sortiment. Ansonsten delektieren sich auch Gäste guter Restaurants an der besonderen Frucht – gar Cipriani in Venedig ist mit im Boot.

Mikroklima, Bodenminerale, Inhaltsstoffe

Die schwarze Feige aus Caneva ist ein geschütztes Produkt, weil sie in ihrer Art und Qualität nur genau hier, in der Gegend um Caneva, so beschaffen ist: Das besondere Mikroklima – die ständige Durchlüftung und thermische Inversion – und der hohe Anteil reinsten Calciumcarbonats und anderer Minerale im Boden ergeben den Unterschied. Wichtige Inhaltsstoffe machen aus der Frucht ein wertvolles Nahrungsmittel – insbesondere nach modernen wissenschaftlichen Erkenntnissen.

Nach Europa kam der Feigenbaum, *Ficus carica,* aus Südwestasien. Er ist die vielleicht älteste Kulturpflanze überhaupt – Funde aus Jericho sind über 11.000 Jahre alt. Die Phönizier sollen Feigen schon auf ihren Schiffsreisen als Proviant mitgenommen haben. Für die Römer war der Feigenbaum heilig wie der Olivenbaum oder die Weinreben. Und den Griechen schreibt man die „aphrodisische" sprachliche Konnotation der Frucht zu.

Seit dem 14. Jahrhundert gibt es Aufzeichnungen zum Feigenanbau in Caneva. Aber besonders ab der Zeit der „Serenissima", im 15. und 16. Jahrhundert, wurde die hiesige Feige geschätzt und gehandelt. In getrockneter Form auf den Schiffen der Venezianer, frisch für die Dogen selbst, war sie Energie- und Genussspenderin.

Die Wiederbelebung von Tradition und Region

Im Zuge der Industrialisierung ab dem 20. Jahrhundert kam es zu einem radikalen Wandel: Die Arbeit am Land wurde nachrangig und damit auch der Feigenanbau vernachlässigt. Alte Traditionen drohten komplett in Vergessenheit zu geraten.

Bis schließlich im Jahr 2006 einige Visionäre, darunter Sandro Mutton, das „Schutz- und Verwertungskonsortium der schwarzen Feige von Caneva" gründeten. Ziel war und ist es, die Landwirtschaft auf neue Beine zu stellen. Den Menschen, die hier leben, auch Einkommensmöglichkeiten zu geben. Die Bedeutung von Nachhaltigkeit, Regionalität und Kreislaufwirtschaft hat man hier schon früh erkannt.

Die historische Assoziation von Feigen mit Sinnlichkeit wird nur von ihrem Geschmack übertroffen

Selbstverständlich gibt es die Früchte von Caneva auch in veredelter Form. Hierfür hat man sich auf die Schätze der Vorfahren besonnen. Rezepte wurden aus den Familienarchiven und – den zeitgemäßen Anforderungen und Geschmäckern entsprechend – in die Gegenwart geholt. Denn die Saison der frischen Feigen ist kurz, nur 14 bis 20 Tage lang wird hochkonzentriert geerntet, kontrolliert, ausgeliefert. Und gleichzeitig werden die feinsten naturbelassenen Zubereitungen wie **Konfitüren, Feigen in Karamell oder mit Kakaostückchen, Cremen** für Eis und Desserts fachkundig hergestellt. Jaaa! – Feigen für das ganze Jahr!

Sandro, langjähriger Präsident und nach wie vor hochaktives Mitglied des Konsortiums, bebt vor Begeisterung, wenn er erzählt: „Jeden Abend esse ich am liebsten eine der Saucen, jene mit Senf oder mit Peperoncino. Egal, ob zu Käse oder Fleisch. Dafür mochte ich lange Zeit keine Feigenmarmelade mehr! Meine Eltern waren Bauern und wie alle hatten wir auch Feigenbäume zu Hause. So musste ich als Kind immer beim Feigenernten helfen. Während die anderen Fußball spielen gingen!"

Die kleinen Schwarzen

Ich darf noch ein wenig durch den Feigengarten streifen, den Blick schärfen, um hinter den Blättern etwas kleines Schwarzes herausleuchten zu sehen. Eine der Verlockungen pflücken, am besten die mit einem kleinen Riss in der Schale. Das sind die perfekt gereiften Früchte, wie ich gelernt habe. Was für ein Genuss, wenn das tiefrote, süße, kühle Fruchtfleisch mit den kleinen Körnchen darin zart den Gaumen massiert.

„Die Bäume sind bewusst niedrig gehalten", erklärt wiederum Ivan Pellegrinet, Feigenproduzent und Sportwissenschafter. „Das erleichtert die Ernte, weil die Früchte einfach zu erreichen sind. Und gleichzeitig dient es auch der Sicherheit. Feigenbäume haben nämlich brüchige Äste, geben aber vor dem Abbrechen keinerlei Warngeräusch ab. Erst, wenn man unten liegt, weiß man es."

Heute gibt es auf den Anbauflächen der circa 50 Produzenten an die 2.000 bis 3.000 Feigenbäume – alles ist Handarbeit. Und mehr als bio. „Denn", erzählt Ivan weiter, „im Winter wird nur der Schnitt erledigt – und danach gibt es keinerlei Behandlung mehr. Feigenbäume am richtigen Standort brauchen sonst nichts!"

Das verstehe ich sehr gut. Denn nach der feinen, ausreichenden Süße direkt vom Baum brauche auch ich nichts mehr. Außer vielleicht einen Schluck prickelnden Verdisio. Der nämlich gedeiht auch gleich in der Nähe, und nur hier: Die autochthone Rebsorte ist eine ältere Schwester der Proseccotraube, der Glera. Um mit den Worten des Herrn Ex-Präsidenten Sandro zu sprechen: „Kommt nach Caneva! È tutto figo!"

Im August gibt es in der Villa Frova das Fest zu Ehren der heimischen schwarzen Feige „FigoMoro da Caneva".

Die Feigenbäume werden in Caneva bewusst niedrig gehalten, das erleichtert die Ernte. Die frischen Früchte haben eine kurze Erntezeit, deshalb werden sie nach traditionellen, aber zeitgemäß adaptierten Rezepten unter anderem zu fruchtintensiven Marmeladen veredelt.

Die frischen bzw. veredelten Früchte gibt es hier:

→ In zahlreichen Restaurants, zum Beispiel:

Osteria Turlonia
Corso Italia 5
33080 Fiume Veneto

Osteria Il Piron dal Re
Via Palmanova 5
33033 Codroipo

Le Fucine Caffè & Bistrot
Via Nazionale 54
33042 Buttrio

→ In Supermärkten der Provinz Pordenone
→ Online unter: www.buonit.com

1 Rive Col De Fer

Bei Alessia Carli, sie ist auch die Präsidentin des FigoMoro-Konsortiums, und ihrem Ehemann Lino Cigana gibt es eine alte, mittlerweile seltene Rebsorte aus der Familie der Glera-Traube (Prosecco): Verdisio. Im Familienbetrieb wird daraus ein Vino Frizzante gemacht. Diese Rebsorte wächst bei ihnen (neben weiteren wie Malvasia oder Refosco) auf zwei Hektar und findet am hügeligen, gut belüfteten Standort die richtigen Bedingungen. Der Verdisio ist erfrischend leicht und angenehm zu trinken, strohgelb bis leicht grünlich im Glas und passt hervorragend zum FigoMoro da Caneva (siehe Seite 168), etwa im Verbund mit Prosciutto crudo.

2 Osteria Ferrata

In dieser Osteria aus dem Jahr 1889 fühlt man sich angekommen: Die Wände dominieren bunte Farben und historische Darstellungen rund um die Eisenbahn, *ferrata* bezeichnet ja den Schienenweg. Die *cantina* bietet viel Gutes, vorwiegend aus dem Hügelland Friaul-Julisch Venetiens. Und die *cucina*? Sorgsam zubereitete regionstypische Küche. Prosciutto- und Käseplatten oder Pilzsoufflé als Antipasti. Danach köstliche Primi wie Maltagliati mit Salsiccia und Melanzane oder Lasagnette mit Steinpilzen, Eierschwammerln und Ragù aus Kalbfleisch. Als Secondi gibt es geschmorte Ochsenwangerln oder einen kräftigenden Frico mit Speck aus Carnia. Und noch vieles mehr. Mein Herzerwärmer: Die Bohnensuppe mit Radicchio und *lis frizzis* (fein geschnittenem und knusprig gebratenem Bauchspeck) obenauf.

3 La Degusteria Ferronato 1929

Ein erklärter Lieblingsplatz: Die Wände in dem heimeligen Lokal bestehen aus Regalen voller Wein, bis zur Decke. So sähe mein Traumwohnzimmer aus. In den Flaschen feine Schaumweine wie Crémant, Franciacorta oder Champagner. Es gibt eine riesige Auswahl an Weinen aus der Region und von weiter weg. Appetitanregend das farbenfrohe Fingerfood, die Tartine in der Vitrine, die einem sofort ins Auge und bald danach auf den Gaumen springen. In der warmen Jahreszeit sitzt man gerne draußen und blickt auf den Corso, die vorbeiflanierenden Menschen und die imposanten historischen Gebäude gleich nebenan.

4 Osteria Turlonia

Das schmucke Backsteinhaus könnte auch in nördlicheren Gefilden stehen. Innen ist es ein typisch friulanischer Ort mit Seele: Dunkle Holztrame, aufgestapelte Weinkartons vor der Theke und – etwas ungewöhnlicher – eine ganze Reihe Milchkannen, die von der Decke baumeln. Der Blick auf die Speisekarte zeigt, wo es langgeht: Federico Mariutti, Inhaber und Küchenchef, ist seinem Territorium verschrieben. Seine Küche braucht kein Tamtam, sie ist schlicht, aber strotzt vor Qualität. Ob Gnocchi mit Kartoffeln aus Ovoledo, Caserecce aus alten Getreidesorten, sein berühmter Frico (siehe Seite 23) oder ein Fasanenkeulchen in Senfsauce und mit Spitzkraut ... Man möchte doch am liebsten alles kosten. Die Weine stammen großteils aus der unmittelbaren Umgebung, dem Grave-Weinbaugebiet. Zur Saison (August, September) verarbeitet Federico gerne die frischen Feigen aus Caneva (siehe Seite 168).

Im Ferronato lockt eine unglaubliche Wein- und Schaumweinauswahl – dazu gibt es feine Stuzzichini.

Hinter der ungewöhnlichen Backsteinfassade des Turlonia offenbart sich eine typische Osteria.

Degustare!

1 **Rive Col De Fer**
Via Col De Fer 14
33070 Caneva
www.rivecoldefer.com

2 **Osteria Alla Ferrata**
Via Gorizia 7
33170 Pordenone
www.osterialaferrata.it

3 **La Degusteria Ferronato 1929**
Corso Vittorio Emanuele II 58
33170 Pordenone
www.ferronato1929.it

4 **Osteria Turlonia**
Corso Italia 5
33080 Fiume Veneto

Camminare

Polcenigo — Livenza- und Gorgazzoquellen

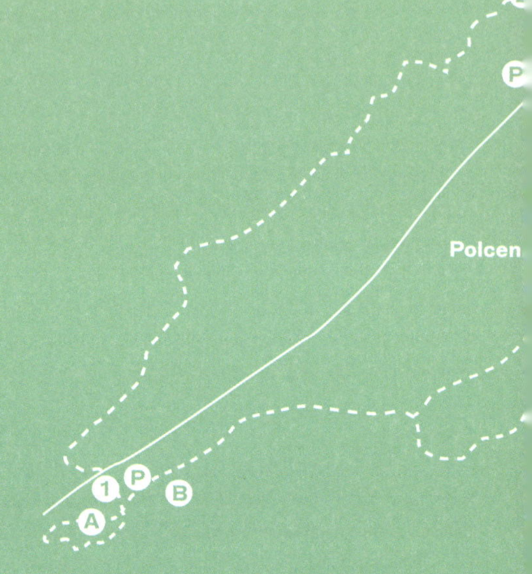

Ausgangspunkt Nr. 1

Polcenigo, Sorgente della Livenza, Parkplatz ankommend links von der Kirche Santissima Trinità, Via Pedemontana (46.02362983407951, 12.479398118759)
Rundweg A zu den Quellen
Rundweg B ins Sumpfgebiet mit UNESCO-geschützten Pfahlbauten

Gehzeit

variabel, jeweils ca. 1–1,5 Stunden

Ausgangspunkt Nr. 2

Polcenigo, Gorgazzo, öffentlicher Parkplatz (46.03724244067203, 12.496848370876116)

Gehzeit

10 Minuten

Einkehren

Bar Al Bus, Via Sorgente 1,
33070 Polcenigo

Die beinah unwirklich schöne Flusslandschaft der Livenza-Quellen lässt uns verzaubert in die Natur eintauchen.

Zu den schönsten Binnengewässern, die ich jemals gesehen habe, zählen diese beiden in der Provinz Pordenone: die Quellen zweier Flüsse, die sich am Fuß der Belluneser Voralpen beschaulich in die Landschaft schmiegen. Die Sorgente della Santissima, eine der Quellen der Livenza, wird gleich nach dem Ursprung zu einem intensiv grün leuchtenden Fluss in malerisch schönem Sumpfgebiet. Hier gibt es Stille pur mit entsprechend naturnahen Pfaden.

Beim großen Parkplatz links der Kirche befindet sich eine Übersichtstafel, die Orientierung liefert. Nun gibt es zwei Möglichkeiten. Erstens: Bei der Kirche selbst überquert man die Holzbrücke. Von dort folgt man einem unkomplizierten und gut begehbaren Rundweg im Uhrzeigersinn. Dieser führt an der Quelle mit der alten Mühle „am rauschenden Bach" und bei ein paar Bänken vorbei, die gerne für ein Picknick genützt werden. Am Weg gibt es auch eine Trattoria. Zweitens: Eine andere oder zusätzliche Runde ist, den Fluss links vom Parkplatz über eine schmale Betonbrücke zu überqueren und danach auf manchmal feuchten, aber bezaubernden Pfaden zu wandern.

Nur circa drei Kilometer entfernt, man fährt mit dem Auto oder folgt dem Wanderweg auf den Schautafeln, befindet sich ein weiteres Naturwunder namens Sorgente del Gorgazzo. Die „zweittiefste siphonartige" Karstquelle Europas speist den Fluss Gorgazzo und ist Teil des UNESCO-Welterbes.

Eingebettet zwischen Felsen und Bäumen erblicken wir unter der Grotte das glasklare und wohl eiskalte Wasser. Und glauben, unseren Augen nicht zu trauen. Erstens: Die Farbe! Dieses absolut faszinierende Blau hat es aber nicht nur uns angetan. Der friulanische Geograf Giovanni Marinelli ließ sich 1877 zu einem Bände sprechenden Gedicht hinreißen. Hier seine Worte in meiner Übersetzung:
Man nehme die Farbe des Smaragds, / jene der Türkise, jene der Berylle, / werfe sie in ein Bad aus Lapislazuli, / sodass sich alles vermische / und gleichzeitig seine Eigenart behält, / und ihr werdet jene Portion flüssigen Himmels haben, / der sich Gorgazzo nennt.

Zweitens: Die Figur! Wir schauen gleich zwei Mal hin. Ja, tatsächlich, unter der Wasseroberfläche des Quelltümpels schimmert etwas Weißes. Wir haben doch noch keinen Wein getrunken?! Es ist kein Trugbild: In neun Metern Tiefe hat man eine Christusstatue angebracht, die mit bloßem Auge gut zu erkennen ist. Jedes Jahr zu Weihnachten wird sie gesäubert und gefeiert.

Wer die Impressionen der Naturschönheiten nachwirken lassen möchte, kann sich schon auf die angrenzende Bar Al Bus freuen. Es gibt einen lauschigen Gastgarten, eine gepflegte Weinauswahl in schönen Gläsern und kreative, hausgemachte friulanische Speisen.

Wer mag, kann entlang des Flüsschens noch eine abschließende Dorfrunde durch Gorgazzo anhängen. Sehenswert ist auch das nahe Polcenigo, das zu den schönsten Orten Italiens („Borghi più belli d'Italia") gehört.

Der Maschinen Musik

→ Handgefertigte Küchenmesser für jede kulinarische Lebenslage

FAMA Knives

Coltellerie Fratelli Antonini Fu Giulio
Via Francesco Petrarca 1
33085 Maniago
www.coltellerieantonini.it

Messermuseum
Museo dell'Arte Fabbrile e delle Coltellerie

Via Maestri del Lavoro d'Italia 1
33085 Maniago
www.museocoltelleriemanigo.it

Bei Antonini wird fast alles im Haus gemacht. Daran wird sich auch nichts ändern.

28 **Handwerk ist golden? Ich sehe vielmehr blinkenden Stahl – sofern er fertig aufpoliert die hier omnipräsenten Messer ziert.** Ansonsten ist da recht viel Grau in Form von Lappen, Ölflaschen, Kübeln, Wasserleitungen und Maschinen. Keinesfalls steriler Reinraum. Dafür erinnert das Ambiente liebevoll an vergangene Zeiten, wer nostalgische Erinnerungen an Werkstätten von Großvätern oder Vätern oder einfach aus Filmen hat. Zusammenfassend könnte man das Setting beschreiben als: „Arbeiten, wie es früher war."

Doch nur nicht täuschen lassen. Wir sprechen hier von einer Produktionsstätte, deren Output in die weite Welt geht. Seit beinahe 100 (!) Jahren!

Weltwirtschaftskrise damals und heute

Im Jahr 1929 gab es im Städtchen Maniago im tiefsten Westen Friauls zwei Brüder, Antonio und Luigi Antonini, die vor dem Hintergrund einer formidablen Weltwirtschaftskrise Heldenmut bewiesen und ein Unternehmen gründeten. Es gab genügend Wasser vom Monte Jôf sowie den anderen umliegenden Bergen – und vor allem Eisen. Die wichtigsten Ingredienzien für die Messerherstellung. Man vermutet, dass es diese schon in der Römerzeit hier gab. Dokumentiert ist sie seit 1450, als man begann, Werkzeuge für die Holz- oder Fleischverarbeitung zu schmieden, aber auch Waffen für die „Serenissima", die Republik Venedig.

Die Nachfolger der beiden Firmengründer kommen ohne Unterbrechung aus der Familie. Der heutige Firmenchef Pietro Antonini wird unterstützt von Vater Mario und Schwester Barbara und ist mit Leib und Seele *coltellaio*, Messerschmied. „Das muss man mit Liebe machen! Immerhin bin ich seit 25 Jahren den Großteil des Tages hier drinnen."

Das glaubt man ihm aufs Wort, denn es ist Samstag, als wir uns treffen. Das Büro ziert noch eine Schreibmaschine. „Die ist nur mehr für die Adressetiketten." Mit Begeisterung und Stolz erzählt er aus der Firmengeschichte: Der Großvater, ebenfalls Pietro, war mit 50 Mitarbeitern ein richtiger Unternehmer. Schon in den 1970er-Jahren machte er Geschäfte in den Zentralen der großen Kaufhausketten in Mailand, „zwischen den Wolkenkratzern". Bald darauf kamen Amerika und Nordeuropa hinzu. Diese sind bis heute die Hauptabsatzmärkte der FAMA Knives, wie die Antoninis ihre handgefertigten Schneidewerkzeuge nennen. „Mittlerweile arbeiten wir mit gewissen Kunden in der dritten Generation zusammen."

Einst war es Massenware, billige Messer mit Plastikgriffen, die das Unternehmen herstellte. Aber dann, so Pietro bildreich, „explodierte" die China-Konkurrenz. Da konnte das kleine Maniago nicht mithalten. Die Produktion auslagern, so wie andere in der Branche? Kam nicht infrage. Also setzten die Antoninis ab den 2000er-Jahren einen klaren Schnitt – und machten einen Qualitätssprung. Es kamen bessere Rohstoffe zum Einsatz, neue Designs, gleichzeitig begann man, umweltfreundlicher zu werden, etwa bei den Lacken.

Qualität made in Italy

Ihre Spezialität sind heute hochwertige Küchenmesser sowohl für den Privat- als auch den Profibereich. Die Griffe sind, je nach Anwendungsbereich, aus Kunststoff oder verschiedenen Hölzern, etwa aus italienischem Olivenholz, wie bei der Linie „Onda". Pietro ist überzeugt: „Wir sind wesentlich flexibler und vielseitiger, bei uns sind auch Spezialanfertigungen und kleinere Stückzahlen möglich. Und nichts schippert wochenlang auf Containerschiffen um die halbe Welt. ‚Made in Italy' zählt nach wie vor!"

Man könnte in die Vereinigten Staaten oder in die Niederlande fahren, um Messer zu kaufen. Aber wozu in die Ferne schweifen? Die guten sind so nah! Und kommen ohnehin von hier

Im Messer-Mekka Maniago mit seinen knapp 12.000 Einwohnern gibt es noch an die 40 Unternehmen und 500 Menschen, die stolz ihrer historischen Profession nachgehen. Zu den Produkten gehören auch Schneidewerkzeuge für die Landwirtschaft, Jagd oder Medizin.

Um das Handwerk des Messerschmiedens zu erhalten, hat man in Maniago vor einigen Jahren einen entsprechenden Ausbildungszweig am Istituto Professionale di Stato per l'Industria e l'Artigianato, einer Art Höheren Berufsfachschule, ins Leben gerufen. „Unser größtes Problem ist es, Personal zu finden", sagt Pietro. „Die Jungen interessieren sich hauptsächlich für Handy und Computer. Aber es muss auch die Produktion weitergehen! Wir haben schon eine ganze Generation verloren."

Auch Nieten sind gefragt

Die Messerherstellung erfolgt bei Pietro großteils im Haus beziehungsweise in enger Kooperation: Er bekommt den Stahl, aus der 420er-Serie, in großen Platten geliefert. Daraus schneidet er selbst – oder Kollegen außer Haus per Laser – die gewünschten Klingen. Das Härten für die notwendige Elastizität übernimmt dann ein Kollege aus der Nachbarschaft. Beim Satinieren wird, je nachdem ob die Klinge matt oder glänzend sein soll, rein mechanisch gearbeitet, ganz ohne Chemie. Und die Griffe und die Nieten? Kommen ebenfalls aus Maniago.

Rund 60.000 Messer jährlich werden in den Werkstätten von Antonini gefertigt: Von den 50 Maschinen stammt der Großteil noch aus Großvaters Zeiten. Und sie alle werden im Haus gewartet, weswegen Pietro jedes ihrer Schräubchen kennt. „In meiner Werkstatt bin ich mit allen fünf Sinnen. Das Geräusch der Maschinen ist nicht Lärm, sondern Musik für mich!"

Arbeit gibt es jedenfalls genug, zumal das Team klein ist: Zu fünft werken sie hier. Platz wäre für viermal so viele, wie Pietro betont. „Es ist doch schön, wenn man sieht, wie ein Produkt von Anfang bis Ende entsteht. Über zwanzig Mal nimmt man jedes Werkstück in die Hand, bevor es das Haus verlässt!"

Dies tut es übrigens nicht nur über klassische Vertriebskanäle wie Einzel- und Großhandel, sondern auch über den eigenen Onlineshop. Aber am besten kommt man gleich hierher, in den kleinen Verkaufsraum, und nimmt so ein Messer selbst in die Hand. Beispielsweise ein japanisch inspiriertes Santoku-Messer für die nächste Kochsession zu Hause. Und spürt dabei gleich selbst die Sinnlichkeit … Made in Maniago!

←
Bei den Messergriffen – von Olivenholz bis Kunststoff – gibt es große Entwicklungen punkto Material und Design.

↓
Fama Knives heißt die Messer-Marke der Familie Antonini. Aber man produziert auch für andere – mit deren Logos auf den Messern.

Die Qual der Wahl – welches Messer ist für mich das beste? Einmal anfassen!

↓

Blitzblank funkeln hier nur die fertigen Messerklingen.

←
Erinnerungsstücke im Verkaufsraum bei Antonini – eine Schreibmaschine gibt es noch für die Adressetiketten! Und Käsemesser für jeden Bedarf – Gorgonzola, Parmesan, Montasio …

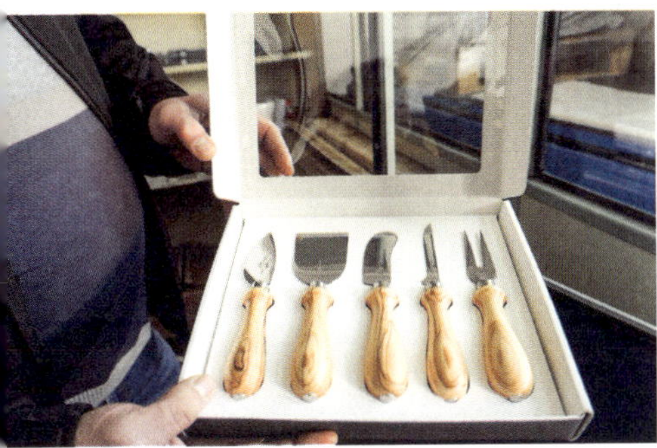

↓
In den 1970er-Jahren waren die Arbeitsplätze bei Antonini noch alle besetzt. Heute wünscht man sich mehr Nachwuchs.

1 Bier

Wir begeben uns in Richtung der Abhänge des Monte Valinis, von dessen Höhen sich Paragleiter gerne in die Tiefe stürzen. Im Dörfchen Meduno, ganz im Nordwesten Friaul-Julisch Venetiens, sollte man sich nicht irreleiten lassen: Unser Ziel wird nämlich „Bi-er" ausgesprochen. Es ist der Nachname des Fleischers, der für ein spezielles Produkt berühmt ist: die Pitina. Dabei handelt es sich um ein „Presidio Slow Food" und damit ein geschütztes Lebensmittel, dessen Herstellung nur wenigen Menschen obliegt und genauen Regeln folgen muss. Die Pitina erinnert optisch an ein Fleischlaberl. Entstanden ist sie vor Urzeiten und, wie meist, aus der Not heraus: Wenn sich in den Bergen ein Schaf oder eine Gams ein Bein gebrochen hatte, musste das Tier getötet und das Fleisch verarbeitet werden, um es haltbar zu machen. Mit Polentamehl und Kräutern wurde es zur Pitina, die man über dem Feuer räucherte und anschließend wochenlang trocknen ließ.

Heute gibt es mehrere Varianten der Pitina – nach wie vor auch aus Schaf- oder Ziegenfleisch. Und es kommen weitere Zutaten zur Erquickung des modernen Gaumens hinzu, aber jedenfalls unter strenger Einhaltung der kulinarischen Gesetze. Vakuumverpackt kann die Pitina gut nach Hause transportiert werden. Dort schneidet man sie in Scheiben und serviert sie, kurz gegrillt, zu Polenta. Oder man schneidet sie in Würfelchen und verfeinert damit Risotto oder Pasta. Unbedingt probieren!

Mächtige Pitina im kleinen Ort: Der Fleischer ist zentrale Anlaufstelle hier.

2 Peressini

Ist man schon einmal in Meduno, lohnt sich ein Abstecher in die örtliche Bäckerei. Dort wartet eine Vielzahl von Brot und Gebäck. Aber nicht allzu lange, wie wir von friulanischen Bäckereien wissen: Am frühen Vormittag ist häufig das Meiste ausverkauft! Also, wer zuerst kommt, mahlt zuerst. Erinnerungswert hat hier die herrliche Schiacciata. Diese Art Knäckebrot, hauchdünn ausgewalkt, in mehreren Varianten, etwa mit Kurkuma oder mit Körnern, ist ein knuspriges Erlebnis zu Wein oder Antipasti. Oder einfach so. Wenn man nur aufhören könnt'!

Das Weinbaugebiet Grave berührt bei Maniago beinah die Friulanischen Dolomiten.

Morgenstund' hat Gold im Mund: Schiacciata, Grissini & Co. frisch und knusprig.

Degustare!

1 **Macelleria Bier**
Via Roma 1
33092 Meduno
www.macbier.it

2 **Panificio Peressini**
Piazza della Vittoria 10
33092 Meduno

Arrivederci!
Auf Wiedersehen!

Danke, dass ich meine Freude mit Ihnen teilen durfte!*

Oder Friulanisch:
Mandi!

Möge das „geschmackvolle“ Entdecken zum Erlebnis werden und zum Wiederkommen animieren. Um sich aufs Neue in den Gegenstand des Genusses zu verlieben.

Wie es sich für eine gute Gastgeberin gehört, begleite ich meine geschätzten Leserinnen und Leser auch wieder ein Stück hinaus. Ich hoffe, Sie haben die kulinarischen Abenteuer auf ungezählten Kilometern durch Friaul-Julisch Venetien genossen. Unsere Reise hat uns zu Orten geführt, die für Überraschung und vor allem Begeisterung sorgen können.

Vielleicht haben Sie inzwischen einige schon selbst besucht? Wenn Sie mir berichten, freue ich mich. Falls sich Änderungen hinsichtlich Öffnungszeiten, Betreibern oder Ausrichtung von Lokalen ergeben, lassen Sie es mich gerne wissen. Am besten hier: info@nicolerichter.eu.

***Apropos Dank:** Dieser richtet sich auch an den Styria Verlag, der sich mit mir gemeinsam auf das Abenteuer „Friaul-Julisch Venetien mit Geschmack“ begeben hat. Weiters an die Protagonistinnen und Protagonisten dieses Buchs, die mir mit viel Geduld Rede und Antwort gestanden sind. An „meinen Friulaner“, Andrea Bolzicco, der mit mir kreuz und quer durch seine Heimat gefahren ist und dabei auch selbst viel Neues entdeckt hat – was mich besonders freut. Ich danke meinen lieben Testlesern, Autorenkollegen Werner Freudenberger und seiner Ehefrau Rosemarie sowie den „Genussprojektexpertinnen“ Regina Ragger und Sonja Hartl für ihr wertvolles Feedback.

Und, im Grande Finale, danke für die umsichtige Projektbegleitung durch Inge Fasan und für das engagierte Lektorat durch Katharina Wind!

Genussorte

Bildnachweis

Alle Fotos Nicole Richter bis auf:
Cover: Adobe Stock/William,
Adobe Stock/vpardi,
Adobe Stock/bepsphoto
S. 4 unten: Adobe Stock/Comugnero Silvana
S. 51 alle: Bruna Flaibani
S. 84 oben: Vini Zorzon
S. 86: Adobe Stock/bymandesign
S. 125: Osteria di Ramandolo
S. 147 oben: Adobe Stock/pixelshop
S. 161 unten: Bortolusso
S. 173 rechts: Consorzio del FigoMoro da Caneva
S. 183: Coltellerie Antonini/Fabrizio Maniago
S. 190/91: Adobe Stock/gianpranco pucher

Literatur

Quellen

Fast, Mady: Mangiare triestino. Storie e ricette; Tarka, 2020
Filiputti, Walter: I solitisti del gusto / Die Solisten des Geschmacks; Friuli Venezia Giulia Via dei Sapori, 2011
Marzo Magno, Alessandro: Il genio del gusto. Come il mangiare italiano ha conquistato il mondo; Garzanti, Milano 2015.
Messner, Hans: Weinführer Friaul. Die besten Weine und Winzer; Styria, 2014
Ramhapp Britta: Triest. Stadt zwischen Karst und Meer; Styria, 2016/2020

https://it.wikipedia.org/wiki/Giovanni_Marinelli_(geografo)
https://prosciuttosandaniele.it/il-prosciutto/la-storia/
https://sites.google.com/site/accademiadelfico/Il-fico/storia-del-fic
https://www.gazzettadelgusto.it/prodotti/erba-di-san-pietro-caratteristiche-proprieta-e-3-ricette-facili/
https://www.oplatium.it/articoli/produzione-di-olive-e-olio/come-funziona-un-frantoio-oleario-la-trasformazione-delle-olive-in-olio/147/
https://www.taccuinigastrosofici.it/ita/news/antica/verdure-frutti/fichi-cibo-degli-oratori.html
https://www.dizionariobiograficodeifriulani.it/ritter-von-zahony-johann-christoph/
https://ricerca.gelocal.it/ilpiccolo/archivio/ilpiccolo/2010/04/27/GO_25_APRE.html
https://www.quattrocalici.it/regione/friuli-venezia-giulia/

Impressum

Liebe Leserin, lieber Leser,
hat Ihnen das Buch gefallen?
Dann freuen wir uns über Ihre Weiterempfehlung,
Austausch und Anregung unter
leserstimme@styriabooks.at

Inspirationen, Geschenkideen und gute
Geschichten finden Sie auf www.styriabooks.at

STYRIA
BUCHVERLAGE

ISBN 978-3-222-13688-7

Bücher aus der Verlagsgruppe Styria gibt es
in jeder Buchhandlung und im Online-Shop
www.styriabooks.at

Buch- & Covergestaltung, Karten: Stefanie Muther/extraplan.at
Lektorat: Katharina Wind
Projektleitung: Inge Fasan

Druck und Bindung: Graspo CZ, a.s.
7 6 5 4 3 2 1
Printed in the EU